Cómo transferir la fe a tus hijos

e625.com
CÓMO TRANSFERIR LA FE A TUS HIJOS
e625 ©2025

Autor: Sergio Valerga
Edición: María José Hooft
Diseño de portada e interior: Rodrigo Pauloni @brow.creativo

ISBN: 978-1-954149-69-4

IMPRESO EN ESTADOS UNIDOS

Contenido

Introducción

Querido papá, querida mamá, gracias por tomarte el tiempo de leer estas páginas. Este libro no nace porque soy un sabelotodo que ha dominado el arte sagrado de transmitir la fe a los hijos, sino porque este tema me ha conmovido por mucho tiempo, he aprendido de mis propios errores y tengo el privilegio de ayudar a muchos padres continuamente.

Soy un papá imperfecto, con más errores de los que me gustaría admitir. Un padre que ama a Dios y que, junto a mi esposa Carina, sigue aprendiendo cada día. Tratamos de abrazar y vivir el camino de Jesús, aunque a menudo tropezamos en el intento. Escribo desde ese proceso, con la esperanza de que lo que hemos descubierto en nuestra propia travesía pueda animarte y acompañarte en la tuya. Este libro es una invitación al viaje desafiante de descubrir el propósito y los sueños de Dios para nuestras familias y cómo podemos sumarnos a ese plan en medio de nuestra vida imperfecta.

No es un libro pensado para criticarte ni generarte culpa sino para estimularte a que juntos recorramos el camino complejo de la formación espiritual de nuestros hijos, que es único para cada familia.

Sé que, como yo, muchos padres a veces se sienten desorientados y abrumados al enfrentar los desafíos inesperados de la crianza. Educar y guiar a nuestros hijos en un mundo tan incierto y cambiante no es fácil.

La familia no es un rompecabezas prefabricado de una manera uniforme y que se ajusta a todos por igual. Al contrario, tiene mucho de improvisación, de adaptación a momentos y circunstancias especiales que cada núcleo familiar experimenta en diferentes etapas.

Y la verdad es que muchas veces anhelamos encontrar fórmulas mágicas que nos enseñen cómo vivir y cómo criar a nuestros hijos, pero el caso es, que aunque existen algunas verdades fundamentales, las fórmulas mágicas no existen.

Como padres, vivimos en una tensión casi constante entre lo ideal y lo real. Cada hogar existe en su universo complejo y hermoso, cargado de historias de quebrantamiento y redención, trabajando para desaprender viejas costumbres y abrazar la visión transformadora que Jesús nos ofrece.

Por eso, en este libro, más que paradigmas teológicos complejos vas a encontrar prácticas diarias en un tono esperanzador y realista. Y considero que, para abrazar estas prácticas de manera fiel, necesitamos la predisposición de experimentar primero nosotros una formación espiritual que incluya crecer en sabiduría y discernimiento, participar en la comunión y en la comunidad de la iglesia local, responder a la guía y dirección del Espíritu Santo en nuestra cotidianeidad y discernir cómo es vivir fielmente en nuestros contextos familiares particulares.

Demasiadas veces abordamos la crianza y la vida familiar con la presión de cumplir con un guion preestablecido, como si existiera un único camino correcto que debemos seguir sin margen de error. Nos aferramos a expectativas rígidas, creyendo que ser buenos padres significa ajustarnos a un modelo idealizado donde todo está bajo control y donde cada decisión debe ser la correcta. Pero ¿y si la invitación de Jesús como padres no es a seguir un libreto perfecto, sino a caminar en un proceso de amor, gracia y crecimiento constante?

El llamado de Jesús no es a descubrir un patrón infalible para criar hijos exitosos, sino a sumergirnos en el trabajo santo y valiente de aprender a amar a nuestra familia como hemos sido amados por el Padre. No se trata de alcanzar un estándar inalcanzable, sino de reflejar, en nuestra imperfección, la gracia de Dios.

Cada familia es una expresión única del amor del Padre. Nuestro desafío no es alcanzar una versión idealizada y perfecta, como esas imágenes retocadas que vemos en Instagram, sino ser una familia que refleja los valores del reino de Dios en su propia historia. Con luchas y victorias, con fragilidades y momentos de redención.

Criar a nuestros hijos significa guiarlos con fe y humildad, confiando en que Dios obra en ellos y en nosotros, incluso en medio de nuestros errores.

En consecuencia, más que buscar certezas absolutas, estamos llamados a discernir la voz y el mover del Espíritu Santo en los ritmos ordinarios de nuestra vida familiar. A aprender a improvisar con fidelidad, a abrazar con valentía el desafío de amar sin reservas y a confiar en que, aunque el camino no siempre sea claro, la gracia de Dios nos sostiene a cada paso.

En la vida familiar, no buscamos solo momentos extraordinarios, sino que nos esforzamos en el trabajo diario de exponer con honestidad nuestras fragilidades, traumas y pecados, permitiendo que el Espíritu nos transforme, día a día, en los padres que fuimos creados para ser.

Por eso, deseo que este libro sea un compañero de viaje, no una carga. No es un manual con respuestas definitivas, sino una invitación a caminar con Dios en la crianza, con humildad y confianza. Porque la meta no es la perfección, sino aprender a amar como el Padre nos ama: con paciencia, gracia y fidelidad.

Nuestra tarea no es construir una familia impecable, sino un hogar donde el amor de Dios sea real y palpable, y donde aprendamos a discernir su voz, a improvisar con fe y a celebrar cada pequeño paso en este camino sagrado de formar y ser formados.

Y que en cada desafío y en cada alegría recuerdes que no caminas solo. Dios va contigo, sosteniéndote, guiándote y recordándote que su gracia es suficiente, un día a la vez.

SECCIÓN PRINCIPIOS FUNDAMENTALES

Oh pueblo mío, escucha mis enseñanzas; abre tus oídos a lo que digo, porque te hablaré por medio de una parábola. Te enseñaré lecciones escondidas de nuestro pasado, historias que hemos oído y conocido, que nos transmitieron nuestros antepasados. No les ocultaremos estas verdades a nuestros hijos; a la próxima generación le contaremos de las gloriosas obras del Señor, de su poder y de sus imponentes maravillas. Pues emitió sus leyes a Jacob; entregó sus enseñanzas a Israel. Les ordenó a nuestros antepasados que se las enseñaran a sus hijos, para que la siguiente generación las conociera —incluso los niños que aún no habían nacido—, y ellos, a su vez, las enseñarán a sus propios hijos. De modo que cada generación volviera a poner su esperanza en Dios y no olvidara sus gloriosos milagros, sino que obedeciera sus mandamientos. (Salmo 78:1-7).

Este libro es una invitación al viaje desafiante de descubrir el propósito y los sueños de Dios para nuestras familias.

Capítulo 1:

La crianza y la fe

Padres imperfectos, Padre perfecto.

La buena noticia es que la crianza espiritual no es perfecta, sino más bien es una crianza imperfecta, llevada a cabo por padres imperfectos desde una perspectiva espiritual. Esto significa criar a los hijos con la eternidad en mente.

La Biblia nos presenta una galería de padres que, al igual que nosotros, llevaban a cuestas una mochila con sus fallas y luchas. Adán y Eva, los primeros en cometer errores, enfrentaron la tragedia de ver a uno de sus hijos convertirse en asesino de su propio hermano. Abraham, el gran patriarca, en un momento de debilidad entregó a su esposa, mintiendo acerca de ella para protegerse. Noé, el hombre justo que halló gracia ante los ojos de Dios y sobrevivió al diluvio, luchaba con el abuso del alcohol. El relato bíblico nos cuenta que sus propios hijos lo vieron borracho y desnudo, revelando su humanidad y vulnerabilidad. David, el hombre conforme al corazón de Dios, enfrentó la amarga rebelión de su hijo Absalón, una prueba de las complejidades en las relaciones familiares. Elí, sacerdote de

Dios, falló en corregir a sus hijos, quienes deshonraban el templo y actuaban de manera corrupta ante el pueblo. Incluso José y María, los padres terrenales de Jesús, tuvieron un momento de descuido cuando lo olvidaron en el templo, y no se dieron cuenta de su ausencia sino hasta tres días después, mientras estaban de regreso a casa.

Es probable que si alguno de ellos llegara hoy a nuestras iglesias, más de uno los habría dirigido hacia consejería familiar. Sin embargo, Dios no los desechó por sus errores; los usó, los transformó y cumplió su propósito a través de ellos. Este relato nos deja claro que la perfección no es un requisito para ser usados por Dios. Lo que realmente importa no es cuántas veces caemos, sino cuántas veces nos levantamos y volvemos al Padre, quien siempre está dispuesto a restaurarnos y a guiarnos.

Dios no los desechó por sus errores; los usó, los transformó y cumplió su propósito a través de ellos.

De esta manera, la Biblia nos recuerda y nos envuelve en la esperanza de saber que la gracia de Dios siempre es más grande que nuestros errores. Incluso en nuestra imperfección, él puede moldearnos para ser padres conforme a su corazón.

A lo largo de los años, he sentido una creciente frustración con ciertas enseñanzas sobre la paternidad que, en lugar de ofrecer esperanza, parecen alimentar la culpa. Muchos recursos, libros y programas construyen sus modelos a partir del temor que todos compartimos como padres: el miedo de haber fallado o de estar perjudicando de alguna forma a nuestros hijos.

Es fácil caer en ese camino, jugar con nuestras inseguridades y destacar nuestras debilidades, presentando soluciones milagrosas que supuestamente son nuestra última esperanza para "arreglar" lo que está mal. Aún peor, algunas enseñanzas afirman que solo existe una manera correcta —la suya— de criar a nuestros hijos según el corazón de Dios. Este enfoque no solo limita, sino que también ignora la diversidad de familias y contextos, y muchas veces deja de lado la gracia y la guía divinas que están disponibles para todos los padres.

Este libro no es para eso. Aquí no encontrarás una lista de reglas rígidas que te hagan sentir insuficiente o que exploten tus ansiedades. Porque, sinceramente, todos hemos experimentado esa duda, esa incertidumbre de si lo estamos haciendo bien. No te prometo fórmulas mágicas ni respuestas que eliminen todas tus preocupaciones, pero sí te aseguro que no jugaré con tus temores. Ser padre ya es bastante desafiante como para que nos carguen con más peso del necesario.

Este libro es una invitación a caminar en gracia, a comprender que, aunque somos imperfectos, somos profundamente amados y capacitados por Dios para esta tarea tan importante.

Desearíamos tener en nuestras manos un plan infalible para criar a nuestros hijos en la fe, pero la realidad es que no existe tal fórmula mágica. Con el paso del tiempo, he visto padres con una fe profunda y con habilidades excepcionales para la crianza, pero cuyos hijos, a pesar de ello, se han alejado del camino espiritual. Al mismo tiempo, he presenciado familias donde los padres, quizás menos comprometidos espiritualmente, ven a sus hijos florecer con una fe apasionada.

La verdad es que no hay una receta garantizada ni una lista de pasos simples que aseguren una fe duradera en nuestros hijos. Es precisamente esta incertidumbre lo que convierte a la crianza en un viaje tan complejo y misterioso.

La paradoja de la paternidad es que no controlamos los resultados, pero seguimos sembrando en medio de la incertidumbre, confiando en que Dios obra en sus tiempos y de maneras que no siempre comprendemos.

Permíteme recordarte: todos los padres cometemos errores. No existe el padre perfecto. Nunca ha habido y nunca habrá perfección en la crianza de los hijos. Lo que sí podemos es ser confiables en la manera en que confesamos y nos arrepentimos de nuestros errores cuando debemos hacerlo.

Los padres intencionales sabemos que cometeremos errores, pero también estamos dispuestos a levantarnos una y otra vez y aprender cómo nuestras decisiones y acciones afectan a nuestros hijos. Nuestra constancia en el presente tendrá repercusiones eternas.

Amados por un Padre bueno

El pasaje que sigue es el más citado en la Biblia por la misma Biblia, lo que indica su importancia: ***"El Señor pasó por delante de Moisés proclamando: "¡Yahveh! ¡El Señor! ¡El Dios de compasión y misericordia! Soy lento para enojarme y estoy lleno de amor inagotable y fidelidad..." (Éxodo 34:6).*** Es una autodescripción directa de Dios, donde él revela su carácter y cómo se relaciona como un padre con nosotros.

Cómo vemos a Dios determina cómo vivimos y cómo practicamos nuestra paternidad. Una percepción distorsionada de

Dios puede llevar no solo a una fe distorsionada, sino también a un acercamiento equivocado a la paternidad.

"Lo que creemos sobre Dios moldeará también el tipo de padre en que nos convertiremos", y te recuerdo que Dios no es quien pensamos que es; él es quien dice que es.

Debemos basar nuestra comprensión de Dios en su propia revelación, no en nuestras suposiciones. Volver a las Escrituras es esencial para corregir las ideas erróneas que la cultura o experiencias propias puedan haber sembrado en nosotros.

Lo primero que aprendemos acerca de Dios es que es "compasivo y misericordioso". El hecho de que estas palabras encabecen la lista de los rasgos del carácter de Yahvé significa que son lo más importante que debemos saber sobre él.

Primero, "compasivo". La palabra hebrea tiene una raíz que significa "útero femenino". La idea detrás de esto es el sentimiento profundo que tiene una madre hacia su bebé, una atención constante y amorosa, como una madre que está siempre pendiente de las necesidades de su hijo pequeño. Esto nos da un vistazo de cómo Dios, como un buen Padre, está pendiente de nosotros, sus hijos: de ti y de mí. "Compasión" es la palabra que describe lo que Dios siente por nosotros.

En contraste, "la misericordia" es una palabra de acción. En hebreo, significa "mostrar gracia" o "mostrar favor". Es algo que se hace: ayudar a alguien en un momento de necesidad. Esto implica que, como un Padre bueno, Dios viene al rescate cuando sus hijos necesitan ayuda.

Estas dos palabras se unen para mostrarnos cómo es Yahvé: compasivo y misericordioso. Cuando nos presentamos ante Dios, nos encontramos con un Dios que siente, que se preocupa profundamente por nosotros. Y también con un Dios que actúa, que desea intervenir y hacer algo por nuestra situación.

La fe no nace de la obligación, sino de la certeza de ser amados profundamente por Él. Obedecemos porque nos ***sabemos*** amados, y no ***para*** ser amados. Es esa confianza plena en su amor la que enciende en nosotros una respuesta auténtica, una obediencia que fluye no por miedo, sino por gratitud. Porque la verdadera fe es eso: una explosión de amor que da sentido a todo lo que somos.

Nada debilita más nuestra fe —y la de nuestros hijos— que convertirla en un rígido código de reglas morales. Cuando la fe se reduce a normas sin vida, pierde su esencia. Lo que verdaderamente transforma no es una lista de "deberes", sino un encuentro con el amor vibrante y desbordante de Jesús.

Nuestro llamado no es a criar hijos perfectos, sino a ser la mejor versión de padres posible. Para esto, es esencial comprender cuán profundamente somos amados como padres por el Padre; esta es la clave para amar bien a nuestros hijos.

Pues su amor inagotable hacia los que le temen es tan inmenso como la altura de los cielos sobre la tierra. Llevó nuestros pecados tan lejos de nosotros como está el oriente del occidente. El Señor es como un padre con sus hijos, tierno y compasivo con los que le temen (Salmo 103:11-13).

La paternidad centrada en el amor

Colocar al amor como centro de la paternidad consiste en amar a nuestros hijos con todo lo que somos porque sabemos cuánto nos ama Dios de todo corazón. Si nos cuesta creer en la verdad de cuán amados somos por un Padre bueno, constantemente sentiremos la necesidad de vivir a la altura de un estándar imposible de perfección. Quisiera poder decirte que no he cometido errores en la crianza de mis hijos, que no les he hablado con dureza, que no los he decepcionado o lastimado. Me encantaría poder decirte que he logrado tratarlos con honor, dignidad y con el amor de Cristo el cien por ciento de las veces. Pero no es cierto.

Al mismo tiempo, con cada error, descubro oportunidades de crecimiento, permitiendo que el perdón de Dios moldee mi camino como padre. Mis hijos no necesitan que yo nunca me equivoque; necesitan que aprenda de mis errores y que repare y restaure nuestra relación cada vez que sea necesario. Acepto la gentileza y la gracia de Dios hacia mí, sabiendo que su fortaleza se perfecciona en mis debilidades.

Dios desea que como padres podamos satisfacer las necesidades de nuestros hijos, pero incluso los padres más devotos y espirituales les fallan a sus hijos. Es natural y normal lamentar y lamentarse por las decisiones y acciones pasadas. La culpa, el arrepentimiento y el remordimiento no solo son respuestas típicas y saludables; también sirven para dirigirnos hacia el progreso y la madurez. El hecho de que estés leyendo este libro es una prueba de tu compromiso con ese crecimiento.

Eres un buen padre y, como todo buen padre, has tenido altibajos. Eso es parte del viaje. A medida que avances en este camino, resiste la tentación de caer en el diálogo interno negativo ("Soy un padre terrible"), de hacer declaraciones absolutas ("He arruinado para siempre mi relación con mis hijos") o de dejarte dominar por la culpa ("Si no lo hago bien de ahora en adelante, perderé la oportunidad de tener una buena relación con mis hijos cuando crezcan").

Recuerda, tus hijos no necesitan un padre perfecto para florecer y prosperar. Te necesitan a ti. Necesitan un padre que esté presente, que siempre esté aprendiendo y creciendo y que trabaje diligentemente para reparar, restaurar y fortalecer la relación padre-hijo basada en la confianza. No eres un error y no eres un fracaso. Dios está obrando en ti para que seas el padre que Cristo te ha llamado a ser. Uno de los mayores regalos que podemos dar a nuestros hijos es nuestra propia transformación, nuestra disposición a cambiar cuando sea necesario. Esto les transmite a nuestros hijos algo poderoso: "No soy todavía mi mejor versión, pero vale la pena que yo sea mejor por ustedes".

Nuestro Dios es un Padre que nos sonríe con un amor más profundo y generoso de lo que nosotros jamás podríamos ofrecer a nuestros hijos. Su amor no fluctúa, no se desgasta por nuestras fallas, ni se fortalece por nuestros logros; simplemente es. Él nos ama y perdona nuestras equivocaciones como padres, y cubre con su gracia las imperfecciones de nuestra familia. No hay esfuerzo o fórmula en este mundo que pueda aumentar ese amor, porque ya nos abraza completa y perfectamente, tal como somos, tal como estamos hoy.

La gracia de Dios no es un premio que se gana, sino una realidad que se recibe. Su amor por nuestra familia no depende de cuán bien nos desempeñemos o de qué tan "correctamente" estemos viviendo. Nos ama aquí y ahora, en medio del desorden y las luchas cotidianas. Abrazar esta verdad es liberador: como padres, ***ya somos*** perdonados, aceptados y amados.

Esta realidad se refleja en la conmovedora historia de Ernest Hemingway, en ***La capital del mundo***, donde un hombre en Madrid coloca un anuncio en el periódico en busca de su hijo perdido, diciendo: "Paco, encuéntrame en el Hotel Montana el martes al mediodía. Todo está perdonado. Papá". Al mediodía, ochocientos jóvenes, todos llamados Paco, se presentaron, esperando la reconciliación con su padre.

La gracia radica en la popularidad del nombre, pero el mensaje es mucho más profundo. Todos anhelamos la aprobación, el perdón y la aceptación de nuestro padre. Es un deseo universal que trasciende culturas y que refleja la verdad espiritual más esencial: tenemos un Padre celestial que, desde siempre, nos espera con los brazos abiertos, listo para amarnos incondicionalmente, sin importar lo lejos que hayamos vagado. Esto es lo que los psicólogos llaman "hambre paterna", un anhelo profundo de ser vistos, aprobados y amados por quien nos dio la vida.

Abrazar esta verdad es liberador: como padres, ya somos perdonados, aceptados y amados.

Como cristianos y seguidores de Jesús, también sentimos esa hambre en nuestro rol como padres, sabiendo que cada familia enfrenta luchas únicas: ansiedades, problemas económicos, situaciones concernientes a la salud física, mental y emocional, adicciones, infidelidad, divorcio, conflictos... Porque la familia, como reflejo de la humanidad, está llena de desafíos. Ser padres es difícil, y no existe un modelo perfecto o único de familia.

En medio de todo esto, hay una verdad que nos sostiene: nuestro Padre celestial ya nos ha perdonado. Vivimos bajo su gracia, aprobados en Cristo. Y sí, Dios nos ama con un amor incondicional. Está completo. No puede crecer ni disminuir. Como nos recuerda *Romanos 8:1: "Por lo tanto, ya no hay condenación para los que pertenecen a Cristo Jesús".* Y esto incluye, por supuesto, a nosotros, los padres cristianos.

Espero que no te conformes con dejar a tu familia en el punto en el que se encuentra hoy. Que estés leyendo estas palabras ya es una señal clara de tu deseo de crecer, de ser intencional y de abrazar con seriedad la gran responsabilidad que Dios ha puesto en tus manos. Y si algo sé con certeza, es que Dios te ama tanto que tampoco permitirá que te quedes donde estás. Su amor siempre nos invita a avanzar, a caminar hacia un lugar mejor. Nunca es tarde para comenzar a hacer lo correcto.

No te dejes llevar por la presión de hacer todo a la vez. Comienza con lo que resuene en tu corazón, un pequeño paso, una acción sencilla, y verás cómo con el tiempo esos pasos pequeños se convertirán en grandes transformaciones. El viaje de fe y amor que emprendes con tu familia es uno en el que Dios camina contigo.

En Juan 19:30, con sus últimas palabras en la cruz, Jesús declara: ***"Todo está cumplido".*** No necesitamos ganarnos el favor de Dios a través de nuestras obras, porque todo ya ha sido cumplido, está terminado. La deuda ha sido pagada por completo, y cuando Dios nos mira, nos ve a través de Jesús. Esa es la esencia del evangelio: la libertad y la certeza de saber que, en Cristo, todo está completo. Estas son las verdaderas buenas noticias que nos transforman.

Capítulo 2:

El impacto del legado

Dos padres, dos familias, dos legados

Hay una historia real e impactante que contrasta a dos hombres, uno que decidió seguir a Dios, vivir en el temor del Señor y en obediencia, guiando a su familia con fidelidad; y el otro, que eligió un camino alejado de los principios divinos. Las generaciones que les siguieron reflejan las consecuencias de sus decisiones, y los resultados, documentados con claridad, son una lección que no puede ignorarse.

A principios de 1700, dos hombres comenzaron sus familias: Jonathan Edwards y Max Jukes. Jonathan Edwards fue un predicador puritano del siglo XVIII, uno de los predicadores más respetados de su época. Asistió a Yale a los 13 años y más tarde se convirtió en presidente de la Universidad de Princeton. Se casó en 1727 con una mujer encantadora llamada Sarah.

A.E. Winship decidió rastrear a los descendientes de Jonathan Edwards casi 150 años después de su muerte.

El legado de Jonathan Edwards incluye: 1 vicepresidente de Estados Unidos, 1 decano de una facultad de derecho, 1 decano de una facultad de medicina, 3 senadores de Estados Unidos, 3 gobernadores, 3 alcaldes, 13 presidentes de universidades, 30 jueces, 60 médicos, 65 profesores, 75 oficiales militares, 80 funcionarios públicos, 100 abogados, 100 clérigos y 285 graduados universitarios. La influencia espiritual de Jonathan y Sarah Edwards fue evidente a través de muchas generaciones.

En 1877, Richard Louis Dugdale en nombre de la Comisión de Prisiones de Nueva York, comenzó a visitar las instalaciones de las prisiones estatales y descubrió una conexión familiar particular entre algunos de los reclusos del condado de Ulster en varias prisiones.

Dugdale trazó el linaje de estos reclusos hasta un hombre de ascendencia holandesa llamado Max, nacido en el valle del Hudson.

Con esta investigación terminó escribiendo ***The Jukes: un estudio sobre el crimen, el pauperismo, las enfermedades y la herencia*** (Jukes fue el nombre que le dio a la familia cuyo verdadero apellido no quiso revelar). Esto hizo famosa a esta familia por razones totalmente opuestas a las de la familia Edwards. Algunos han dicho que pocas familias en la historia de Estados Unidos rivalizan con la de Max Jukes en cuanto a la inmoralidad y la corrupción que experimentaron por generaciones.

Esta familia dirigida por Max Jukes, un hombre que no era cristiano y vivía una vida impía. Se casó con una mujer de carácter similar y entre sus descendientes se encontraban: 7 asesinos, 60 ladrones, 190 prostitutas, 150 convictos, 310 indigentes y 440 personas físicamente destrozadas por la adicción al alcohol. De todos los descendientes estudiados, trescientos murieron de forma prematura.

La influencia de Max Jukes era evidente, al igual que lo fue la de Jonathan Edwards, pero claramente, el suyo no fue un legado de fe.

Todo esto nos lleva a una verdad sorprendente: lo que haces hoy importa.

Todo esto nos lleva a una verdad sorprendente: lo que haces hoy importa. Cada momento de tu trayectoria como padre influirá en tus hijos, nietos y bisnietos. Al construir un legado para tus hijos, los estás ayudando a convertirse en adultos responsables que aman a Dios. Puedes crear tradiciones y experiencias duraderas que serán importantes mucho después de que te hayas ido.

Nuestro legado

Criar hijos es una aventura infinitamente desafiante que viene acompañada de una lista interminable de responsabilidades. Una de las más grandes y significativas es el llamado a todos los padres a ser formadores en nuestros propios hogares. Esto significa ser un seguidor de Cristo que ayuda a otros a seguir a Cristo.

Todos dejaremos un legado, es parte inevitable de nuestra existencia. Lo que sí está en nuestras manos es decidir qué tipo de legado será. Dejar una huella en la vida de nuestros hijos no es una opción ni una idea romántica, es un mandato de Dios. Y lo más hermoso de este mandato es que no lo hacemos solos; contamos con su ayuda, su guía y su gracia. El desafío está en ser intencionales, en decidir que el legado que dejemos será el mejor posible: que nuestros hijos nos vean seguir a Jesús con el corazón y, al hacerlo, deseen imitarlo.

Uno de los anhelos más profundos de cualquier padre cristiano es transmitir una fe viva, vibrante y auténtica a sus hijos. Tenemos el deseo, el anhelo, de que nuestros hijos caminen en la fe. Sin embargo, muchas veces nos encontramos perdidos, sin saber por dónde empezar o cómo hacerlo de manera efectiva. Nos abruma el desafío de dejar un legado espiritual saludable, una fe que transforme vidas y que sea una luz para las futuras generaciones.

Lo esencial en este proceso no es complicado ni lejano: empieza con amar a tus hijos, algo que ya haces, porque está claro que los amas profundamente. De hecho, no hay nada que no harías por ellos, pero transmitir un legado de fe no es solo un acto de amor; es vivir ese amor cada día de manera que ellos lo puedan ver y sentir. Es mostrarles, a través de tu ejemplo, que seguir a Jesús no es solo una tradición o una doctrina, sino el camino a una vida plena, el verdadero regalo que podemos dejarles para siempre.

El Shemá

La idea de transmitir nuestra fe a nuestros hijos es bastante intimidante y abrumadora. Saber que la percepción que nuestros hijos desarrollan de Dios está profundamente influenciada por lo que reciben y perciben de nosotros en casa es una verdad que puede estremecer a cualquier padre.

Cuando nos enfrentamos frente a la responsabilidad de transferir la fe, podemos reaccionar de alguna de estas cinco maneras:

1. Quedarnos paralizados y no hacer nada.
El miedo a no hacerlo bien o la incertidumbre sobre cómo empezar nos lleva a la inacción.

2. Compensar en exceso y hacer más de lo necesario.
En nuestro afán por no fallar, intentamos abarcarlo todo, corriendo el riesgo de abrumar a nuestros hijos o de volver la fe en algo rígido y pesado.

3. Elegir un libro y esperar que haga el trabajo por nosotros.
Es tentador pensar que un recurso externo puede suplir nuestra guía, pero transmitir la fe requiere relación y presencia.

4. Delegar la tarea en otra persona.
Confiamos en líderes, maestros o mentores para hacer lo que creemos que no somos capaces de hacer, esperando que ellos llenen el vacío.

5. Asumir nuestro papel vital como padres.
Reconocemos la responsabilidad única que tenemos en la vida de nuestros hijos y elegimos ser estratégicos e intencionales en la transmisión de la fe, comenzando desde ahora.

Tal vez estés pensando: "Llevo a mis hijos a la iglesia, allí hay personas que saben mucho más que yo" o "No he leído la Biblia completa, no tengo un título en teología y ciertamente no soy un gigante espiritual".

¿Y qué si te dijera que el plan original de Dios para transmitir la fe y dejar un legado espiritual siempre ha estado en manos de nosotros los padres?

Moisés estaba de pie frente al pueblo de Israel, observando a la nueva generación de israelitas que había crecido en el desierto.

Él había guiado a la generación anterior a salir de Egipto, solo para verlos alejarse de Dios y fallar en entrar a la tierra que Dios había prometido darles. Ahora, cuando el pueblo está una vez más a las puertas de la Tierra Prometida, ¿Cometería el mismo error que sus padres?

Moisés no solo llama a todos los padres a cargar con el deber de formar a sus propios hijos, sino que toda la comunidad se reunió y abrazó la responsabilidad de educar a la próxima generación para amar a Dios con todo su corazón.

El Señor nos ha proporcionado un mapa, un modelo con instrucciones muy específicas sobre cómo dejar un legado espiritual. Este modelo es una referencia que nos guía en la transmisión de la fe y en la construcción de un plan estratégico para nuestros hijos. Es emocionante y simple, pero también nos presenta un gran desafío.

El Shemá es una de las porciones más citadas de las Escrituras, recitada cada mañana y cada noche en los hogares judíos ortodoxos. En las sinagogas, cuando se recita el Shemá durante el sábado, la congregación se pone de pie en señal de respeto. Imaginemos juntos por un momento a María, sosteniendo a su bebé Jesús en brazos, recitándole este texto diariamente desde el momento de su nacimiento.

Muchos eruditos bíblicos consideran este pasaje de Deuteronomio capítulo 6 como la declaración de tesis de todo el Antiguo Testamento. Aún hoy se entiende como el propósito y plan del pueblo hebreo. Así ha sido desde los días de Moisés. Este modelo se conoce como Shemá, que significa "escuchar" en hebreo.

¡Escucha, Israel! El Señor es nuestro Dios, solamente el Señor. Ama al Señor tu Dios con todo tu corazón, con toda tu alma y con to-

das tus fuerzas. Debes comprometerte con todo tu ser a cumplir cada uno de estos mandatos que hoy te entrego. Repíteselos a tus hijos una y otra vez. Habla de ellos en tus conversaciones cuando estés en tu casa y cuando vayas por el camino, cuando te acuestes y cuando te levantes. Átalos a tus manos y llévalos sobre la frente como un recordatorio. Escríbelos en los marcos de la entrada de tu casa y sobre las puertas de la ciudad (Deuteronomio 6:4-9).

Este pasaje nos proporciona una hoja de ruta para la transmisión de la fe.

Ser nosotros mismos un ejemplo de fidelidad y lealtad a Dios. *(Deuteronomio 6:4-5).*

El Shemá nos recuerda que hay un solo Dios y que él es santo. Nos llama a amar a Dios con todo nuestro corazón, alma y fuerzas. Como padres, esto nos lleva a reflexionar: ¿nuestros hijos ven en nosotros esa lealtad a Dios? No podemos transmitir una fe que no vivimos. Somos quienes marcamos el ritmo espiritual en nuestro hogar y el modelo principal de lo que significa ser fieles a Dios.

No podemos transmitir una fe que no vivimos.

Vivir nuestra fe de manera tangible para transmitirla mientras amamos a nuestros hijos. *(Deuteronomio 6:6-7).*

El Shemá nos insta a fijar los mandamientos en las mentes de nuestros hijos. Esto significa que nuestra fe debe ser visible y compartida. Aunque las iglesias ofrecen maravillosos programas para niños y jóvenes, muchos padres caen en el error de delegar completamente el desarrollo espiritual de sus hijos a la iglesia, asumiendo un rol pasivo. Pero, según el Shemá, Dios nos da a los padres la responsabilidad principal de nutrir la fe de nuestros hijos. La iglesia está para acompañar y apoyar, pero no para reemplazar nuestra labor.

Estar conscientes de la presencia de Dios de manera constante y hacerlo parte de nuestras conversaciones diarias. *(Deuteronomio 6:8-9).*

Hablar con nuestros hijos sobre la importancia de Dios no debe limitarse a un momento específico de la semana, como los domingos en la iglesia. La fe debe integrarse de manera natural en nuestra vida cotidiana. Aprovecha cada oportunidad para hablar de Dios: en casa, en el auto, durante las comidas o antes de dormir. El objetivo es que la fe se convierta en algo vivo y constante, no en algo reservado para ciertos días o lugares. En resumen, integrar nuestra fe en la vida cotidiana.

"En el futuro tus hijos te preguntarán: '¿Qué significan estas leyes, estos decretos y estas ordenanzas que el Señor nuestro Dios nos mandó obedecer?'. Entonces tú les dirás: 'Nosotros éramos esclavos del faraón en la tierra de Egipto, pero el Señor nos sacó de Egipto con su mano poderosa'" (Deuteronomio 6:20-21).

Moisés veía el hogar como el principal medio para transmitir la verdad de Dios de generación en generación.

El Shemá es realmente el núcleo mismo de los valores espirituales tanto de la tradición judía como de la cristiana. El desarrollo de la vida espiritual de los niños era una parte vital de la antigua cultura hebrea.

En muchos hogares hemos perdido de vista lo que el Shemá nos enseña: cómo construir un legado espiritual que realmente impacte a nuestras familias. Es hora de volver a conectar con esa visión. El Shemá nos muestra que la fe no se transmite solo con palabras, sino cuando los padres viven una vida auténtica, fiel a Dios, y guían a sus hijos con su ejemplo diario.

Moisés veía el hogar como el principal medio para transmitir la verdad de Dios de generación en generación.

Es importante recordar que la responsabilidad principal de transmitir la fe no es de la iglesia, sino de las familias. La iglesia está ahí para apoyar, animar y equipar a los padres, pero el discipulado comienza en casa. La clave está en desarrollar una fe sólida que no solo ayude a nuestros hijos a crecer espiritualmente, sino que también los prepare para compartir esa fe con las generaciones que vienen.

¿No es increíble que el mismo Dios que creó el corazón de nuestros hijos para que anhelen nuestra atención, al mismo tiempo nos haya elegido como sus padres para ser la principal influencia espiritual en sus vidas? Este pensamiento me llena de asombro, humildad y también me anima a asumir este llamado con intencionalidad y amor.

Como padres, nuestra tarea más importante es guiar a nuestros hijos hacia una relación profunda y madura con Dios. ¿Es fácil? No, pero es lo que se nos ha llamado a hacer. El Shemá nos da una guía práctica: hablar sobre Dios y su verdad en todo momento, ya sea mientras estamos en casa, de camino al trabajo o la escuela, antes de dormir y al despertar. Si sientes que todavía no tienes un hogar centrado en esta visión, ¡no te preocupes! Nunca es tarde para empezar. Cada pequeño paso cuenta. Puedes comenzar hoy mismo teniendo conversaciones más naturales y positivas sobre la fe, y dejando que tus hijos vean cómo Dios está presente en todas las áreas de tu vida. ¡Esas pequeñas semillas darán frutos a lo largo del tiempo!

Pasajes para meditar

Ten en cuenta que no dirijo estas palabras a tus hijos, los cuales nunca conocieron la disciplina del Señor tu Dios, ni vieron su grandeza, ni su mano fuerte, ni su brazo poderoso.
Tus hijos no vieron cómo el Señor te cuidó en el desierto hasta que llegaste aquí.
¡Pero tú sí viste con tus propios ojos que el Señor llevó a cabo todas esas obras poderosas! (Deuteronomio 11:2,5,7).

Después de que murieron todos los de esa generación, creció otra que no conocía al Señor ni recordaba las cosas poderosas que él había hecho por Israel (Jueces 2:10).

Padres, no hagan enojar a sus hijos con la forma en que los tratan. Más bien, críenlos con la disciplina e instrucción que proviene del Señor (Efesios 6:4).

Cuéntenlo a sus hijos en los años venideros, y que sus hijos lo relaten a sus hijos. Transmitan esta historia de generación en generación (Joel 1:3).

Ahora que estoy viejo y canoso, no me abandones, oh Dios. Permíteme proclamar tu poder a esta nueva generación, tus milagros poderosos a todos los que vienen después de mí (Salmo 71:18).

Que cada generación cuente a sus hijos de tus poderosos actos y que proclame tu poder. (Salmo 145:4).

Entonces Josué les dijo a los israelitas: «En el futuro, sus hijos preguntarán: "¿Qué significan estas piedras?". Y ustedes podrán decirles: "Aquí es donde los israelitas cruzaron el Jordán sobre tierra seca"» (Josué 4:21-22).

Recuerda los días pasados; piensa en las generaciones anteriores. Pregúntale a tu padre, y él te informará. Averigua con los ancianos, y ellos te contarán. (Deuteronomio 32:7).

Capítulo 3:

La crianza espiritual como proceso

Agricultores en una maratón

En un mundo lleno de presiones sociales y en constante cambio, la crianza de los hijos nos desafía a buscar la guía de Dios y a mantenernos firmes en los principios bíblicos como nuestra referencia constante.

La crianza no consiste en seguir un plan rígido o una fórmula perfecta, sino en adoptar la paciencia y dedicación de un agricultor que cultiva con cuidado la vida de sus hijos. Es un proceso que implica confiar en el tiempo y los planes de Dios, mientras caminamos con perseverancia y gracia frente a los desafíos. Más que de imponer reglas, se trata de construir relaciones sólidas, fomentar la confianza en Dios y dar el ejemplo de una fe que nuestros hijos puedan hacer suya.

Es natural que en el camino de la paternidad surjan miedos, especialmente el deseo de proteger a nuestros hijos de cualquier peligro. Sin embargo, debemos aprender a priorizar la confianza en

Dios por encima de esos temores. Recordar su fidelidad nos ayuda a soltar el control y a enseñar a nuestros hijos a depender de él en todas las circunstancias. La confianza en Dios no solo nos fortalece, sino que también prepara a nuestros hijos para enfrentar la vida con fe y esperanza.

La crianza es como una maratón, no como una carrera de velocidad. Nuestra tarea es preparar a los hijos para los desafíos de la vida, con una perspectiva a largo plazo que priorice su crecimiento espiritual, emocional y personal. Esto implica superar nuestros miedos y emociones momentáneas para enfocarnos en equiparlos con las herramientas necesarias para correr la carrera de la vida con confianza, sabiduría y una dependencia firme en Dios.

No podemos dictar el destino de nuestros hijos, pero sí podemos guiarlos con el corazón abierto. No se trata de imponerles un camino, sino de ser el mejor tipo de padre que podamos ser. En el viaje de la paternidad, no siempre podemos controlar el rumbo final, porque cada hijo tiene su propia brújula y libertad de elección. Cuando son pequeños, la dirección parece más clara, pero a medida que crecen, la travesía se vuelve más compleja. ¿Quién no ha sentido el desafío de guiar a un adolescente?

La crianza es como una maratón, no como una carrera de velocidad.

Nuestro papel es comprometernos con lo que está en nuestras manos: nuestra actitud, nuestra paciencia y nuestro esfuerzo diarios. Así como un artista se dedica a su obra sin garantizar el resultado final, nosotros nos comprometemos con el proceso de ser padres, no con el destino. No podemos forjar el camino de nuestros hijos adultos, pero sí podemos cultivar nuestro propio carácter: domar nuestra impetuosidad, refinar nuestra paciencia y vivir con integridad. En esa transformación personal dejamos que el fruto del Espíritu florezca, y ese es el verdadero legado que ofrecemos.

Regalo y recompensa

Generalmente, los padres suelen ver a sus hijos de dos maneras: como proyectos o como cargas. Verlos como un proyecto implica tratar de moldearlos y dirigir sus vidas como si fueran una tarea constante y urgente. La cultura nos impulsa a creer que debemos formar seres altamente competitivos y exitosos. En lugar de disfrutar del proceso de su crianza, nos obsesionamos con su futuro, contratando entrenadores y tutores, sobrecargándolos con actividades para asegurarnos de que tengan una ventaja en la vida. Pensamos: "Dios me dio a este niño para que sea un ganador", y nos apresuramos, quizás demasiado, a cumplir con esa expectativa. Casi sin darnos cuenta, comenzamos a verlos más como una lista de tareas que como seres humanos con su propio ritmo y su propia esencia.

Verlos como una carga también es una forma de distorsionar nuestra visión. En este caso, deseamos que los días de crianza pasen rápido, ansiosos por que lleguen al jardín de infantes, obtengan su licencia o se vayan a la universidad. Pensamos que, al hacerlo, nuestra vida será más tranquila, con más tiempo y menos estrés.

En algunas culturas, es común que al cumplir 18 años los jóvenes se muden a otras ciudades para estudiar en la universidad, y muchos padres, consciente o inconscientemente, parecen apresurar este proceso. Sin embargo, este periodo coincide con una etapa crucial en la vida de los hijos, en la que tomarán decisiones que marcarán su futuro: elegirán a su pareja, definirán su carrera profesional y discernirán su propósito o llamado en la vida.

La distancia física en este momento tan importante puede dificultar que los padres sean una guía cercana y un apoyo constante en ese momento crucial de la historia de sus vidas.

Ahora, imagina cómo cambiaría nuestra perspectiva si viéramos a nuestros hijos no como proyectos que deben ser perfeccionados o como cargas que debemos soportar, sino como regalos que Dios nos ha dado. ***"Los hijos son un regalo del Señor; son una recompensa de su parte. Los hijos que le nacen a un hombre joven son como flechas en manos de un guerrero. ¡Qué feliz es el hombre que tiene su aljaba llena de ellos!" (Salmo 127:3-5a).***

Al ver a nuestros hijos como un regalo, se apaga nuestra necesidad de controlarlos excesivamente. Sabemos que tenemos la responsabilidad de guiarlos, pero un regalo no se perfecciona a la fuerza. Lo recibimos con gratitud, con el deseo de disfrutarlo y apreciarlo tal como es. Al verlos de esta manera, nos damos permiso para disfrutar de su presencia y su crecimiento sin la presión constante de corregir o perfeccionar cada detalle. Sabemos que nuestra labor es educar, pero también podemos simplemente deleitarnos con quiénes son, con lo que Dios ha planeado para ellos y con el tiempo que compartimos juntos.

Tus hijos no son proyectos que perfeccionar ni cargas que soportar. Son regalos que merecen ser apreciados, amados y disfrutados en cada etapa que compartimos con ellos.

Cuando imaginamos y vislumbramos el futuro de nuestros hijos, ¿qué consideramos más importante, lo que harán o lo que serán?

Cuando pensamos en lo que harán y en lo que tendrán, nos enfocamos en su carrera universitaria, su educación, oportunidades, contactos, de qué manera se ganarán la vida, etc. Si pensamos en lo que serán, apuntaremos más que nada en que sean personas temerosas de Dios, con valores y convicciones, que tengan un impacto positivo en la sociedad y en el mundo que les rodea.

Debo decir que, tristemente, en ocasiones veo que la mayoría de los papás cristianos estamos más preocupados por enfocarnos en lo que harán y tendrán nuestros hijos que por lo que serán. Cuando como padres nos enfocamos solo en logros externos y descuidamos los valores, les enseñamos implícitamente que el éxito es más importante que el carácter.

En la Biblia encontramos siempre que el ser es más importante que el hacer, porque nos dice que del corazón del ser humano nacen las conductas. Entonces, lo más importante es cómo queremos que sea el corazón de nuestros hijos; si ellos tienen el corazón anclado en Jesús, todo lo demás se alineará de la mejor manera para ellos de acuerdo a sus dones y habilidades.

Reflejados en nuestro espejo

Y aquí hay algo que es esencial y que recorreremos en varias oportunidades en este libro: más que preguntarnos cómo nos gustaría que fueran nuestros hijos cuando crezcan, debemos preguntarnos cuánto hay en nuestra propia vida de lo que queremos que ellos sean cuando crezcan.

Si queremos que nuestros hijos sean temerosos de Dios, ¿soy yo una persona temerosa de Dios? Si queremos que nuestros hijos caminen cerca del Señor, ¿soy yo una persona que camina cerca del Señor? Si queremos que nuestros hijos tengan a Jesús como el valor central de sus vidas, que sea él quien organice su proyecto de vida personal, ¿estoy yo realmente teniendo a Dios como centro y ancla de mi vida, y haciendo que él sea el que realmente organiza todo mi proyecto de vida personal?

Porque si no vivimos lo que queremos que ellos sean, entonces las posibilidades de que eso suceda serán remotas.

En estos tiempos posmodernos, para ser creíbles, las verdades no tienen que ser solo palabras; de hecho, solo son creídas cuando están encarnadas en la vida de los adultos y de una comunidad. Especialmente, en la vida de los padres.

Por eso es esencial recordar que lo que queremos ver en nuestros hijos, primero ellos lo deberán ver en nosotros.

Cada momento que pasamos con nuestros hijos es una oportunidad para causar una buena impresión, incluso cuando parezca que no nos están observando. Cómo vivimos nuestra fe frente a nuestros hijos moldea la forma en que ellos ven a Dios.

Cuando intentamos imponer a nuestros hijos un sistema de valores que nosotros mismos no encarnamos, el resultado puede que sea que nuestros hijos rechacen nuestra hipocresía, no nuestra teología.

Oh, hijo mío, dame tu corazón; que tus ojos se deleiten en seguir mis caminos. (Proverbios 23:26).

Ser padres intencionales es una invitación diaria a considerar lo que realmente estamos enseñando a nuestros hijos a través de nuestra manera de vivir. No podemos escapar de los resultados de esto, nuestros hijos están constantemente apropiándose de partes de nuestro carácter y terminarán pareciéndose a nosotros.

Ser padres intencionales es una invitación diaria a considerar lo que realmente estamos enseñando a nuestros hijos a través de nuestra manera de vivir.

Quizás hayas escuchado frases que evocan el peso de nuestras raíces y de la herencia que llevamos en nuestra sangre:

* "Ella es una astilla del viejo tronco".
* "Él es la otra cara de la misma moneda".
* "La manzana no cae lejos del árbol".
* "De tal palo, tal astilla".
* "Ella realmente hace honor al apellido de la familia".

Estas expresiones nos recuerdan cómo las generaciones dejan una huella imborrable en quienes somos, moldeando nuestra identidad, valores y tradiciones. Nos invitan a reflexionar sobre la influencia que tenemos en nuestros hijos y sobre el legado que deseamos transmitirles.

Capítulo 4:

La paternidad con propósito

El rol esencial del padre

La relación con el padre es uno de los predictores más importantes para poder determinar si los niños permanecerán o no en la fe. Si el padre biológico no está presente, los abuelos u otras figuras paternas maduras pueden cumplir ese rol con igual eficacia.

Un estudio de treinta y cinco años de duración, realizado por Bengtson, Putney y Harris dedicado a descubrir qué aspectos estaban presentes en la transmisión efectiva de la fe, encontró que el 68% de los hijos que tienen una relación cercana con su padre se aferraron a la fe de este.

"Lo que es realmente interesante", escribe Bengston, ***"es que, para la transmisión de la fe, el tener un vínculo estrecho y amoroso con el padre es muy importante, sin dejar de lado el impacto que produce la madre, ya que ambos son esenciales".***

Los padres tienen un impacto mucho mayor en la transmisión de la fe y los valores a sus hijos cuando ambos participan activamente en este proceso. Cuando mamá y papá trabajan juntos, presentando un frente unido, el mensaje que los niños reciben es poderoso: ***"Esto es importante para nuestra familia"***. La influencia combinada de ambos padres tiene un efecto mucho más significativo que si solo uno de ellos, generalmente la madre, se encarga de todo. Esto resalta la importancia única del papel del padre en este contexto.

Si bien el rol de las madres es fundamental y nunca debe subestimarse, la participación activa del padre envía un mensaje claro: ***"A los dos nos importa profundamente esto"***. Por eso, los padres tienen una responsabilidad especial. No solo deben decidir cuáles son sus prioridades, sino también vivirlas de manera auténtica, mostrando con su ejemplo qué significa liderar y guiar espiritualmente a su familia.

Hoy más que nunca, el rol del padre es uno de los más ignorados y, a la vez, cruciales en nuestra sociedad. Los estudios y la experiencia lo confirman: cuando un padre está presente y emocionalmente conectado, los hijos tienen una base sólida desde donde poder enfrentar los desafíos del mundo con confianza y alegría.

Cuatro tipos de padres

¿Cuál de los siguientes roles te describe mejor?

Padre ausente

En nuestra cultura, este término describe a aquellos

hombres que eluden su responsabilidad familiar. No solo están físicamente ausentes, sino que tampoco asumen ninguna responsabilidad emocional, espiritual ni material. Su desconexión deja un vacío profundo en el corazón de los niños, que crecen sin una figura paterna que les brinde una guía o apoyo. Los hijos de un padre ausente enfrentan una realidad dolorosa: no tienen a alguien que los abrace, los aliente o les ofrezca una dirección clara en su vida. En lugar de un compañero de camino, lo que queda es una ausencia que marca sus días y deja un vacío difícil de llenar.

Padre distante

Aunque este padre está físicamente presente, su corazón y su atención están en otro lugar. Su tiempo y energía suelen estar dedicados al trabajo, a las preocupaciones externas o a las distracciones como el teléfono móvil o sus hobbies. Puede estar en casa, pero no participa activamente en la vida de sus hijos. Asiste a eventos importantes como un espectador, no como alguien involucrado en ese acto.

En los hijos, esto genera una sensación de desconexión y lejanía. Aunque es respetado en la comunidad por su dedicación laboral o sus logros, en casa su familia siente el peso de su frialdad. Su rol es más el de un proveedor distante, alguien vital en momentos de necesidad, pero ausente en las ocasiones que verdaderamente forjan vínculos y recuerdos.

Los hijos lo perciben como alguien que prioriza todo lo demás antes que a ellos. En lugar de ser un guía cercano y afectuoso, se convierte en una figura distante que no logra construir lazos profundos con sus hijos.

Padre involucrado

Es un padre que quiere estar presente y hace esfuerzos genuinos por ser parte de la vida de sus hijos. Participa en actividades familiares, organiza salidas y momentos divertidos, como ir a jugar al fútbol o pasar tiempo juntos los fines de semana. Sin embargo, su liderazgo espiritual y emocional no es tan fuerte como debería serlo. Aunque crea recuerdos valiosos, no logra establecer una conexión profunda y constante con sus hijos en los aspectos más importantes de la vida, como su desarrollo emocional o su fe.

Los hijos, aunque valoran los recuerdos felices con su padre, a menudo sienten la ausencia de una guía espiritual sólida. Se sienten atraídos por la dirección de mamá para las cuestiones de fe, mientras el padre, noble en su corazón, navega con la inquietud de saber que le falta algo más profundo en su papel como guía en la vida de sus hijos.

A pesar de su amor y esfuerzo, este padre lucha por encontrar el equilibrio entre sus responsabilidades y el tipo de conexión profunda que sus hijos realmente necesitan.

Padre intencional

Este padre entiende que criar a sus hijos es mucho más que estar físicamente presente o cumplir con ciertas responsabilidades. Es alguien que se compromete a conocer el corazón de sus hijos, a escuchar sus alegrías, preocupaciones y sueños, y a guiarlos con amor y propósito. Para él, la paternidad no es una tarea más en su lista, sino su misión sagrada.

El padre intencional no solo participa en las actividades familiares; también dedica tiempo a construir relaciones profundas y auténticas con cada uno de sus hijos. Conoce sus personalidades, comprende sus necesidades y los guía de manera espiritual y emocional. No teme mostrar afecto ni ser vulnerable.

En su relación con su esposa es un ejemplo de amor y respeto, y muestra a sus hijos cómo se vive una relación basada en la fe y la devoción. Además, su compromiso con Dios es visible: ora con sus hijos, les enseña valores bíblicos y muestra cómo vivir una vida guiada por la fe.

Este padre sabe que los años pasan rápido y que sus hijos no serán pequeños para siempre. Por eso, se esfuerza por estar presente en cada etapa de sus vidas, construyendo un legado de amor, confianza y fe que los acompañará mucho más allá de su propia existencia. Sabiendo que el verdadero liderazgo comienza en el hogar, el padre intencional se convierte en una luz y, consciente de que la verdadera batalla es por los corazones, se convierte en un arquitecto de confianza y amor, cimentado en la Palabra de Dios, que guía a su familia hacia lo que realmente importa.

Para el padre que anhela cambiar

¿Y qué si miramos a Jesús como nuestro modelo a seguir para la masculinidad?

Jesús era humilde, fuerte y se sacrificó por nosotros. Estaba marcado por un amor no convencional, incondicional e increíble, que este mundo nunca había conocido. Si tenemos una imagen sesgada de lo que significa ser un hombre, eso lo afectará todo: nuestra familia, nuestros amigos, nuestro futuro, nuestro legado. La capacidad de un hombre para dirigir a su familia depende completamente de su capacidad para seguir a Jesús y anhelar ser como él.

Si eres un padre que al leer estas palabras siente el peso de no haber sido el héroe que había soñado ser, hay un faro de esperanza brillando para ti. Cambiar ahora, después de muchos años, puede parecer un viaje lleno de obstáculos y desasosiego. Pero te animo a dar el paso, porque siempre hay espacio para el cambio y la transformación. Recuerda que incluso el modelo de paternidad que conociste puede no haber sido el ideal. La ausencia y el abandono son sombras que han recorrido generaciones, pero podemos cambiar esa historia. Este cambio comienza con una conversación profunda y valiente con tu familia, un diálogo que puede requerir confesión, arrepentimiento y la creación de un nuevo camino a seguir.

La capacidad de un hombre para dirigir a su familia depende completamente de su capacidad para seguir a Jesús y anhelar ser como él.

Aunque el proceso de reconciliación puede parecer abrumador, especialmente con quienes amas, nunca es tarde para comenzar a hacer lo correcto. En cada paso hacia el cambio, hay una oportunidad para escribir un nuevo capítulo lleno de esperanza y redención. ***"No puedes volver atrás y cambiar el principio, pero puedes empezar donde estás y cambiar el final"*** (C.S. Lewis).

Lo que sea que estés a punto de decir a tus hijos, probablemente ya lo sepan. Lo que no saben es que quieres cambiar. El Espíritu Santo está obrando en ti y acompañándote en este proceso, y estás listo para emprender un nuevo viaje, dispuesto a hacer lo necesario para que esto suceda aunque sea doloroso.

Cuatro dimensiones

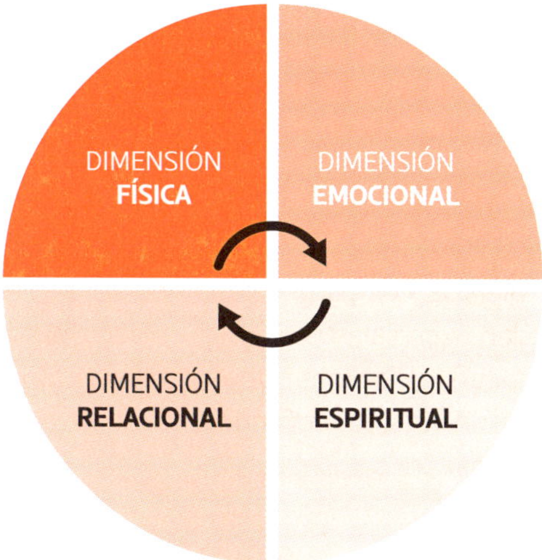

Nos preocupa que las influencias externas, como la tecnología, los amigos o la cultura, tengan más peso en la vida de nuestros hijos que nosotros mismos. Sin embargo, ninguna de estas influencias puede superar la fuerza de un padre y una madre que estén presentes de manera física, emocional, relacional y espiritual en la vida de sus hijos. La presencia activa de ambos no solo fortalece a los hijos, sino que les muestra el camino hacia una vida plena y llena de propósito.

La presencia de los padres cristianos en la vida de sus hijos es fundamental para su desarrollo integral, no solo como individuos, sino como hijos de Dios llamados a vivir en plenitud. Estar presentes significa más que compartir un espacio físico; implica involucrarse activamente en estas cuatro áreas de la vida de los hijos:

Presencia física

No solo implica estar en casa, sino participar activamente en sus actividades, como juegos, eventos escolares y momentos de descanso. Sentarse juntos a la mesa a la hora de comer o dedicarse a actividades compartidas transmiten el mensaje de que ellos son importantes y dignos de nuestro tiempo y atención. Todo esto les genera a los hijos un sentido de seguridad y pertenencia.

Presencia emocional

Es estar disponibles para escuchar y comprender sus corazones y sentimientos. Los padres debemos ser refugios seguros donde ellos puedan expresar sus alegrías, miedos, dudas y frustraciones sin temor a un juicio. Este tipo de conexión fomenta la confianza y construye un vínculo profundo que les enseña a gestionar sus emociones de manera saludable.

Presencia relacional

Implica conocer quiénes son, qué les apasiona, cuáles son sus preocupaciones y sueños, y demostrar un interés genuino en su mundo. Construir una relación sólida y genuina con ellos demanda intencionalidad; no solo ser autoridad, sino también un amigo confiable. Un vínculo relacional fuerte les enseña a valorar y construir relaciones saludables con los demás.

Presencia espiritual

Implica ser modelos de una fe activa: orar juntos, leer la Biblia, asistir a la iglesia como familia y vivir de manera coherente con los valores cristianos. Los hijos aprenden a ver a Dios como una parte real y relevante de sus vidas al observar cómo sus padres caminan con él.

Cuando los padres estamos presentes en estas cuatro dimensiones, no solo impactamos positivamente en la vida de nuestros hijos en el presente, sino que dejamos un legado eterno. Cada interacción, conversación y acto de amor se convierte en una semilla que los ayudará a crecer como individuos completos, emocionalmente equilibrados, socialmente responsables y espiritualmente arraigados en su identidad como hijos de Dios. La presencia intencional de los padres es una expresión tangible del amor de Dios en el hogar.

SECCIÓN FORMACIÓN ESPIRITUAL

¡Oh mis hijos queridos! Siento como si volviera a sufrir dolores de parto por ustedes, y seguirán hasta que Cristo se forme por completo en sus vidas. (Gálatas 4:19).

Capítulo 5:

La naturaleza de la formación espiritual

¿Qué es la formación espiritual?

La formación espiritual no es un concepto exclusivo del cristianismo; es una dimensión esencial de nuestra humanidad. Todos estamos siendo formados de manera constante. Por eso, la pregunta que necesitamos hacernos es en quién o en qué estamos siendo moldeados.

Podemos caer en la idea de que descubrir y profundizar en la fe consiste simplemente en conocer la información correcta acerca de Jesús y portarnos bien. Sin embargo, esta visión limitada no refleja la verdadera esencia de una vida de fe, y, sin darnos cuenta, podríamos estar transmitiendo esta noción errónea a nuestros hijos.

La fe es mucho más que un conocimiento intelectual o una conducta moral ejemplar. Aunque ambos elementos tienen su lugar, nuestro anhelo debería ser guiar a nuestros hijos hacia una fe auténtica, sólida y transformadora, capaz de impactar en todos los aspectos de la vida. Queremos ver en ellos una fe que trascienda la simple creencia infantil y se convierta en una confianza madura y duradera en Dios.

La fe genuina se establece cuando alguien desarrolla una convicción firme que va más allá de tener "buena información y un buen comportamiento". Surge cuando toma la decisión de rendir completamente su vida a Dios. Tanto la convicción como la entrega implican una transformación sobrenatural que solo Dios puede realizar en nuestro interior. Esta transformación ocurre cuando elegimos obedecerle paso a paso. Sin embargo, como somos humanos y en el camino es posible que cometamos errores, el Señor nos provee de su gracia que se vuelve una parte esencial y constante de nuestra experiencia de fe.

Este cambio de paradigma nos lleva de centrarnos en lograr el mejor comportamiento a fomentar una vida de formación en la fe desde un corazón rendido a Jesús y sus planes para nosotros. En este proceso, el objetivo no es solo enseñarles cómo actuar, sino invitarlos a un encuentro transformador con Dios que impacte profundamente en su ser y en su hacer.

Jesús, al enfrentar la cruz, estaba abriendo el camino para que las personas dejásemos de depender de la observancia de la ley como medio para alcanzar una relación correcta con Dios. Su sacrificio no solo pagó la deuda por nuestros pecados, sino que también inauguró una nueva realidad: experimentar a Dios a través del poder de su Espíritu. Esta relación viva y personal con Dios es el corazón de una fe genuina, y es lo que transforma nuestras vidas para siempre.

"El propósito del ladrón es robar y matar y destruir; mi propósito es darles una vida plena y abundante" (Juan 10:10).

Por favor, lee y medita en el pasaje de Juan 10:1-14. Allí vemos que Jesús es el Buen Pastor, que nos ofrece su guía y desea dirigirnos a verdes pastos y aguas tranquilas para traer restauración a nuestras almas. Al mismo tiempo, vemos que la labor del enemigo es distorsionar la realidad de esa vida abundante poniendo distracciones e incitándonos a buscar una abundancia falsa en los lugares equivocados y alejándonos del Buen Pastor.

Tomémonos un momento para reflexionar. Tú, tu familia, tus hijos, tu matrimonio, ¿a quién están siguiendo? ¿La voz de quién están escuchando? ¿Están viviendo la vida abundante que Jesús les ofrece?

Separados para Él

Dios tiene sueños grandes para nosotros y nuestras familias, sueños que superan nuestras expectativas. Él desea que vivamos una transformación profunda y continua. El primer paso para abrazar este sueño es anhelar que Cristo sea formado en nuestra vida y en la de nuestros hijos.

¿Qué viene a tu mente cuando piensas en la formación espiritual? ¿Soledad? ¿Reflexión? ¿Devoción? Siendo honestos, ¿pensamos en la palabra ***aburrido***? Quizá tenemos la impresión de que la formación espiritual es solo para unos pocos escogidos, para la gente más santa, o tal vez de alguna manera asociamos la santidad y el crecimiento espiritual con una labor poco atractiva e inalcanzable para la mayoría de nosotros.

Sin embargo, la realidad es que nuestras familias necesitan una formación espiritual. Como padres lo necesitamos, y por supuesto nuestros hijos también lo precisan; más que necesitarlo, lo deseamos, lo queremos.

Quiero la santidad porque eso significa que me estoy acercando y pareciendo a Cristo, que me estoy volviendo más como él. Significa que soy "apartado" para hacer la tarea para la que él me creó. Significa que lo entiendo más y lo disfruto más. Lo adoro más. Lo amo más. ¡La santidad es menos de mí y más de él!

El primer paso para abrazar este sueño es anhelar que Cristo sea formado en nuestra vida y en la de nuestros hijos.

La santidad no se obtiene mezclando una serie de ingredientes de una fórmula preestablecida. No se define por lo que hacemos o no hacemos. Más bien, depende de lo que Cristo está haciendo en nosotros.

Si vemos la formación espiritual como una tarea que yo puedo hacer, es probable que nos lleve al orgullo o a sentirnos superiores, pero si consideramos la formación espiritual como un trabajo que Jesús hace en mí mientras me someto a él, esto producirá cambios radicales.

"¡Oh mis hijos queridos! Siento como si volviera a sufrir dolores de parto por ustedes, y seguirán hasta que Cristo se forme por completo en sus vidas" (Gálatas 4:19).

Pablo escribe a la joven iglesia de los gálatas, aún inmadura en su fe, expresando su anhelo profundo de que Cristo fuera formado en ellos. Comparaba su sentir con el de una madre que desea dar a luz a su hijo. Esperaba con ansias que la formación espiritual se manifestara en la vida de aquellos a quienes amaba.

Pablo transmitió un mensaje similar cuando escribió a la iglesia en Corinto:

"Es por esto que nunca nos damos por vencidos. Aunque nuestro cuerpo está muriéndose, nuestro espíritu va renovándose cada día" (2 Corintios 4:16).

Pablo contrasta lo temporal con lo eterno: la muerte con la vida, lo visible con lo invisible. Lo que no se ve, lo que es eterno, lo que no pertenece a este mundo, es precisamente aquello que el Espíritu Santo renueva en nosotros, gracias al inmenso amor del Padre y a lo que Cristo logró en la cruz. En términos más simples, la formación espiritual es la renovación diaria de nuestro ser interior para llegar a ser más como Cristo a través del amor del Padre y el poder del Espíritu Santo.

Capítulo 6:

Desafíos de la crianza espiritual

1. Comunicar información sin formación

La clave para una verdadera formación espiritual está en resistir la tentación de reducir nuestra enseñanza a una mera transmisión de información. Aunque memorizar versículos o aprender detalles de las historias bíblicas es valioso, no es suficiente. Los hechos por sí solos no transforman vidas. La información debe ser un medio para algo más profundo: la formación. Este proceso ocurre en la soledad, el silencio y la comunión directa con Dios, donde los niños pueden escuchar su voz y experimentar su presencia. Es allí, en esos momentos sagrados, donde Cristo empieza a formarse en ellos.

Dallas Willard advierte sobre el peligro de depender únicamente de la información para formar la fe. Sin una formación que transforme el corazón y la vida diaria, podemos crear creyentes que estén listos para morir, pero no para vivir plenamente en Cristo. Esto subraya la importancia de ofrecer una fe que no solo prepare para el futuro eterno, sino que también nutra la vida presente, conforme al propósito de Dios de darnos una vida abundante aquí y ahora (Juan 10:10).

La invitación es clara: como padres debemos comprometer nuestros esfuerzos a crear entornos donde la información y la formación trabajen en conjunto. No se trata de elegir entre enseñar hechos o cultivar momentos de encuentro con Dios, sino de integrar ambas dimensiones. Al hacerlo, ofrecemos a nuestros hijos una fe que no solo conocen, sino que viven, una fe transformadora que los prepara para experimentar la plenitud de la vida en Cristo.

2. Hacer de la crianza una cuestión de entrenamiento moral

Podemos hacer que nuestros esfuerzos tengan como objetivo que nuestros hijos se porten bien. Esto es tentador como padres, porque el buen comportamiento se parece mucho a la fe en el exterior. Nuestros hijos se ven bien educados, van a la iglesia, llevan sus biblias, memorizan sus versículos, piden perdón cuando han lastimado a alguien, incluso pueden ir a viajes misioneros y participar en actos desinteresados de bondad. Cuando les hemos enseñado esas cosas, es tentador decirnos a nosotros mismos: "¡Bien hecho! ¡Mira qué espiritual es mi hijo!".

En su artículo "How to raise a pagan kid in a Christian home"[1] [Cómo criar a un niño pagano en un hogar cristiano], Barrett Johnson dijo:

Johnson, B. (2013, November 13). How to raise a pagan kid in a Christian home. INFO for Families. https://www.infoforfamilies.com/blog/2013/11/13/how-to-raise-a-pagan-kid-in-a-christian-home

"El mensaje del evangelio no consiste en simplemente convertir personas malas en personas morales, sino en traer vida a quienes están muertos espiritualmente. Si enseñamos moralidad sin el poder transformador del evangelio y sin enfatizar la necesidad de una vida completamente rendida a la voluntad de Dios, corremos el riesgo de formar personas moralmente correctas, pero alejadas de una relación viva con Cristo.

¿Estás enseñando a tus hijos a "ser buenos porque la Biblia lo dice" o les estás mostrando que, por sí mismos, nunca podrán alcanzar la verdadera bondad sin aceptar la gracia transformadora de Cristo? La diferencia es crucial. Una enseñanza conduce al moralismo, a una vida centrada en las propias obras; la otra lleva al quebrantamiento, a la comprensión profunda de nuestra dependencia total de Dios. Una enseñanza fomenta la autojustificación; la otra conduce a una vida que proclama con humildad que Cristo lo es todo, y que nada más importa en comparación con él". [Traducción del autor].

Por supuesto, cuando nuestros hijos son pequeños, el comportamiento moral es de hecho lo que les enseñamos. Les decimos cosas como: "Di gracias", "Pide las cosas por favor", "No le pegues a tu hermano", "Di la verdad", "Pórtate bien".

No negociamos estas cosas con ellos; simplemente establecemos esas reglas. En los momentos en que les enseñamos estas cosas, casi ni consideramos los corazones de nuestros hijos, porque estas reglas son solo cosas que hacemos para convivir de manera correcta con los demás.

Pero a medida que nuestros hijos crecen, nosotros como padres podemos no crecer con ellos. Todavía podemos encontrarnos diciéndole a nuestro hijo de quince años: "No fumes", "No te drogues", "Dile que lo sientes", "Sé amable con tu hermana".

Cuando nosotros como padres hacemos esto, continuamos usando tácticas de comportamiento moral en la etapa en la que del desarrollo moral necesitamos hacer la transición al desarrollo espiritual. En el desarrollo espiritual, lo que más importa es el corazón, no solo las acciones. Es entonces cuando debemos dejar que el Espíritu Santo entre y actúe en la vida de nuestros hijos.

Jesús no nos pidió formar buenos hijos, aunque está genial que lo sean. Él nos pidió formar personas de fe. Y la fe es más compleja y difícil de medir que el comportamiento moral.

Sin embargo, si no hacemos esa transición, caemos en la tentación de hacer que nuestros hogares se centren simplemente en formar hijos buenos. Ahora, déjame decirte que Jesús no nos pidió formar buenos hijos, aunque está genial que lo sean. Él nos pidió formar personas de fe. Y la fe es más compleja y difícil de medir que el comportamiento moral.

Un proceso lento y profundo

Una de las armas más eficaces del enemigo en nuestro camino de discipulado es el desánimo: esa tentación de rendirnos cuando no vemos en nuestros hijos la transformación que anhelamos. En esos momentos puede surgir la pregunta silenciosa: ¿dónde está Dios en medio de todo esto?

Otra táctica frecuente es la comparación, un terreno fértil para el desánimo, especialmente, en la era de las redes sociales. Es fácil caer en la trampa de medirnos con otras familias que solo muestran sus mejores momentos, aunque sabemos que esas imágenes no reflejan la realidad completa.

Nos comparamos con otros padres y sentimos que no estamos avanzando espiritualmente como ellos. A veces, incluso comparamos el progreso de la obra de Dios en nuestra propia vida y nos encontramos al borde de abandonar el proceso: el nuestro y el de guiar a nuestros hijos.

Sin embargo, es crucial recordar que la transformación no sigue nuestro calendario, sino el de Dios. La semilla plantada puede estar creciendo en el silencio, más allá de lo que nuestros ojos puedan ver. Dios sigue obrando en nosotros y en nuestros hijos, incluso cuando el progreso no parece evidente.

Reconocer que el cambio de corazón en la vida de nuestros hijos es obra exclusiva de Dios es liberador para nosotros como padres. Nos libera de la carga de pensar que debemos hacerlo todo por nuestra cuenta. Pero entender eso no significa que debamos tener bajas expectativas para nuestros hijos. Aunque el objetivo final no sea solo modificar su conducta, estamos llamados a instruirlos, nutrirlos y guiarlos hacia la sabiduría, la madurez y el discernimiento.

Conversar sobre las acciones, sus consecuencias y cómo podemos pecar contra los demás y contra Dios son parte natural de la crianza de los hijos en un hogar cristiano. Cuando estas conversaciones tienen lugar de manera adecuada a la edad de los niños, abren el camino para que el Espíritu Santo obre en sus corazones, preparando el terreno para una propia convicción.

Necesitamos despertarnos cada día con la tranquilidad de entender que Cristo está siendo formado en nosotros. Y para que la formación tenga lugar, Cristo debe tener la primacía. Él debe ser exaltado y reconocido en todas las cosas. Y para esto necesitamos hacer a Jesús el centro de nuestra familia y el foco de todo lo que hacemos.

La verdadera transformación, tanto en nuestra vida como en la de nuestra familia, solo es posible mediante la obra del Espíritu Santo. Es él quien nos guía al arrepentimiento genuino y nos transforma desde adentro. Nuestra responsabilidad no es depender de tácticas humanas, como la manipulación o la culpa, sino rendirnos a la obra del Espíritu, confiando en que él hará lo que nosotros no podemos.

La formación espiritual es un llamado a vivir plenamente en Cristo, permitiendo que él moldee nuestras vidas y nuestras relaciones. Este proceso requiere paciencia, fe y una profunda dependencia del Espíritu Santo. Solo así podremos ver una transformación genuina, no solo en nosotros, sino también en las generaciones que vienen.

Capítulo 7:

Guiando a nuestros hijos en la fe

Discernir su voz

Deseamos que nuestros hijos aprendan a escuchar la voz de Dios, a discernirla por encima de todas las demás voces que compiten por su atención; a su vez, abrazar el desafío de crear espacios y entornos en donde nuestros hijos y familia puedan estar y simplemente encontrarse con él, aprender a escuchar su voz y su guía.

Dios no siempre habla de la misma manera a cada persona; puede hablarme de una forma a mí y a ti de otra. Lo que he aprendido es que él siempre nos está hablando, como un padre amoroso que busca nuestra confianza.

Podemos guiar a nuestros hijos para que descubran cómo Dios les habla y que se apoyen en esa voz. También podemos enseñarles que habrá momentos en los que parezca que no escuchan a Dios, y que eso está bien, porque él sigue hablando, sigue presente. Ahí entra en juego la fe: confiar en su voz cuando la escuchamos y confiar en su presencia incluso en el silencio.

La meta es que como padres creemos un entorno donde, al escuchar la voz de Dios, nuestros hijos deseen obedecerla. No podemos forzarlos a obedecer, pero podemos cultivar un espacio que inspire el deseo de hacerlo desde una relación viva con él, no simplemente desde un cumplimiento rutinario.

Queremos que aprendan a obedecer en el poder del Espíritu de Dios. Esto comienza con nuestro ejemplo, mostrando lo que significa vivir en relación con Dios. Obedecer en el poder del Espíritu Santo significa reconocer que no se trata de esforzarnos cada vez más, sino de aprender a permanecer en Cristo, confiando en el poder de su Espíritu para nuestra transformación.

No queremos que dependan únicamente de su fuerza de voluntad o que se esfuercen sin cesar. En ocasiones, hemos escuchado un mensaje equivocado: ***"Dios es bueno, tú eres malo, ¡esfuérzate más!"***. Pero esta no es la historia completa. Sí, Dios es bueno, y sí, todos hemos pecado, pero el remedio no está en esforzarnos más, sino en aprender a permanecer en Cristo, dejando que su Espíritu nos capacite y transforme.

> ***La meta es que como padres creemos un entorno donde, al escuchar la voz de Dios, nuestros hijos deseen obedecerla***

Ahora, este aprendizaje es un viaje de toda la vida. Justo cuando creemos que hemos aprendido a permanecer en Cristo, enfrentamos nuevas circunstancias que nos desafían y nos hacen sentir como si hubiéramos retrocedido. Permanecer es un músculo de la fe que Dios desarrolla en nosotros día tras día, enseñándonos a someternos a Él. Nuestros hijos están en este mismo viaje con nosotros, creciendo en su relación con Dios mientras nos acompañan en el nuestro.

Tu peregrinaje espiritual

Nuestro propio peregrinaje espiritual es un regalo vivo para nuestros hijos, pues nuestra transformación personal les ofrece un ejemplo y un legado invaluables. Cada pensamiento, emoción, actitud y decisión que tomamos deja una huella en nuestras vidas y en las de ellos. Las relaciones que construimos, los hábitos que cultivamos, el uso que damos a las redes sociales y cómo enfrentamos tanto el dolor como el éxito son piezas de este intrincado proceso de formación.

Estamos constantemente en transformación, al igual que nuestros hijos. Cada elección nos acerca al amor y la belleza de Jesús o nos empuja hacia el caos y la decadencia. En este proceso, nos convertimos en agentes de la gracia divina o portadores de las heridas del mundo. Ignorar esta realidad es desatender el propósito profundo de nuestra existencia y el impacto de nuestras decisiones.

La formación espiritual es ese sutil pero continuo proceso en el que nuestras vidas se moldean. Surge de una mezcla de hábitos, mentalidades, actitudes, experiencias, sufrimientos, éxitos, fracasos y momentos inesperados. Es una reacción invisible pero poderosa que nos transforma constantemente, para bien o para mal.

La formación espiritual, según el estilo de Jesús, es el proceso continuo de ser moldeados para reflejarlo a él, desarrollando la identidad auténtica que Dios diseñó para nosotros desde el principio. En esencia, es el viaje donde nos convertimos en personas de amor en Cristo, abrazando la verdadera esencia de quienes estamos llamados a ser.

La formación en la imagen de Jesús es un viaje largo y pausado, no sucede como un chispazo repentino en el cielo. En un mundo que busca resultados inmediatos, el crecimiento espiritual se desmarca de la velocidad digital. No hay atajos ni prisas; es una transformación silenciosa que se despliega con el tiempo, moldeada por actos de amor y pasos de fe diarios.

La formación espiritual es ese sutil pero continuo proceso en el que nuestras vidas se moldean.

La formación a la imagen de Jesús no es algo que logramos por nuestra cuenta. Es una danza divina en la que Dios nos invita a participar. Él, con su gracia transformadora, nos moldea en el silencio de su amor. Nuestro papel es abrirnos a su obra, permitir que su Espíritu nos renueve, y ser el lienzo sobre el cual Cristo plasma su esencia.

"El amor que tengan unos por otros será la prueba ante el mundo de que son mis discípulos" (Juan 13:35).

Una vida transformada

Un verdadero aprendiz de Jesús organiza su vida alrededor del propósito de ser como él. Si la esencia del carácter cristiano pudiera resumirse en una sola palabra, esa palabra sería ***amor***. El amor es la prueba de autenticidad de nuestra formación espiritual.

La verdadera pregunta no es cuánta Biblia conocemos, cuántas prácticas espirituales seguimos o cuán involucrados estamos en la iglesia. Aunque estas cosas son importantes, la cuestión más profunda es: ¿nos estamos volviendo más amorosos?

El verdadero avance en la espiritualidad no se mide en logros externos, sino en la calidad de nuestras relaciones más cercanas. Son estas conexiones las que actúan como un espejo, reflejando el amor y el fruto del Espíritu en nuestras vidas. Pregúntate: ¿aquellos que te conocen en profundidad, como tu cónyuge y tus hijos, te describirían como alguien que se está volviendo más amoroso, alegre y tranquilo? ¿Notan en ti más paciencia, menos frustración? ¿Ven una bondad tangible y una ternura que suaviza el día a día?

¿Eres fiel en los momentos difíciles y demuestras un autocontrol que revela un corazón en crecimiento? Más aún, ¿crece en ti un amor que trasciende los lazos cercanos y alcanza a quienes te desafían e incluso te hieren? Cuando el dolor te toca, ¿eres capaz de liberar la amargura, de recibir el sufrimiento sin devolverlo y de orar por quienes te han maldecido?

El amor al estilo de Jesús no es un sentimiento pasajero o superficial. Es una actitud de profunda compasión que se traduce en acciones valientes. Es ***ágape***, ese amor que busca el bien del otro antes que el propio, incluso al costo del sacrificio. En cada gesto, palabra y momento, el amor verdadero se revela. Es un desafío que trasciende nuestras limitaciones, llevando el alma hacia una bondad que no conoce fronteras. Amar como Jesús es el mayor testimonio de una vida transformada.

La fe que deseamos transferir

Un amigo solía decir: "Dios no tiene nietos, solo hijos". Como padres, uno de nuestros mayores desafíos es guiar a nuestros hijos para que pasen de depender de nuestra fe a tener una experiencia de fe que sea suya, viva y personal. A menudo, cuando le preguntamos a un adolescente qué significa la fe, muchos la describen como una fuerza lejana o una salida de emergencia a la que recurren solo en momentos de crisis.

Esta falta de claridad sobre qué es la fe y cómo integrarla en su vida cotidiana puede generar una confusión profunda, llevándolos a soltarla en momentos difíciles o cuando se sienten atrapados por malas decisiones. Sin una fe propia, les resulta complicado confiar plenamente en Dios en todas las áreas de sus vidas, lo que muchas veces los deja en un estado constante de inseguridad sobre su relación con él y su salvación.

En la travesía de la fe de nuestros hijos, nuestro verdadero éxito radica en verlos forjar el gozo y la fortaleza de caminar con Dios de manera personal y auténtica. Deseamos que cada uno de ellos encuentre su propio camino hacia un vínculo personal con su Padre celestial, abrazando la responsabilidad de su fe desde temprana edad. Nuestra esperanza es que, al crecer, elijan seguir a Jesús con un compromiso profundo y duradero.

Estos sencillos anhelos definen claramente nuestro papel en su viaje espiritual. Nuestro propósito debe ser claro y simple: inspirar y equipar a nuestros hijos para confiar en Dios y seguir a Jesús.

Cuando piensas en la fe de tus hijos, ¿qué definiría lo exitoso que fuiste al transmitirla? ¿Cuál es tu meta y por qué estás orando? Estas preguntas son cruciales, porque tu visión de lo que deseas lograr determinará cómo guiarás y apoyarás el desarrollo espiritual de tus hijos.

Para que nuestros hijos desarrollen una fe propia, es esencial que comprendan cómo la fe se entrelaza con el mundo real, su mundo en particular. No enfrentan Goliats literales como el que enfrentó David, pero sí se enfrentan a gigantes modernos: el miedo, el conflicto relacional, las tentaciones, el rechazo, la soledad, la ansiedad, el fracaso, la decepción y la presión de grupo. Estos son sus Goliats del siglo XXI, desafíos que ponen a prueba su espíritu y su fe.

Está claro que deseamos que nuestros hijos comprendan cómo se ve y se siente cuando la fe se cruza con las circunstancias del mundo real en tiempo real. Además, queremos que sepan que seguir a Jesús tiene implicaciones para todo y para todos, que nuestra fe debe influir tanto en nuestras acciones como en nuestras reacciones. Para cumplir estos deseos, los que debemos tener claridad sobre el tema somos nosotros, los padres; después de todo, nuestras reacciones dicen más sobre la sinceridad y profundidad de nuestra fe que cualquier otra cosa. Así como que nuestros hijos comprendan que la fe no es solo para los domingos en la iglesia, sino para cada día de la semana, en cada interacción y en cada decisión. La fe en Jesús no es solo un conjunto de creencias, sino una guía viva que moldea nuestras vidas en lo cotidiano.

Los enemigos de la fe

Cuando un adolescente comete un error, ya sea moral, ético o relacional, suele enfrentarse de inmediato a un profundo sentido de culpabilidad. En ese momento, se ve ante dos opciones para aliviarla: pedir perdón y esforzarse por cambiar su comportamiento, o bien modificar su sistema de creencias para justificar sus acciones y adaptarlas a una nueva "verdad" más conveniente.

La segunda opción, cambiar lo que creen, resulta mucho más sencilla y menos incómoda que transformar su conducta. Sin embargo, cuando la fe se construye sobre la base de la conveniencia en lugar de las convicciones profundas, queda arraigada en un terreno frágil y propenso al colapso. Solo una fe sólida, enraizada en verdades inmutables, puede sostenerlos frente a las tensiones de la vida y las tentaciones de la cultura que los rodea.

El segundo desafío que pone a prueba la fe de los adolescentes es la falta de respuestas claras ante eventos trágicos o inesperados en sus vidas. Cuando enfrentan situaciones dolorosas o adversas que parecen contradecir su comprensión del carácter de Dios, surgen en ellos dudas profundas. Se preguntan: "¿Cómo puede un Dios bueno permitir que algo tan malo me esté sucediendo?".

Cuando la fe se construye sobre circunstancias, decisiones, sentimientos o emociones momentáneas, se convierte en una fe frágil y superficial. Este tipo de fe depende de cómo interpretan su realidad inmediata, y su duración está limitada por la volatilidad de sus experiencias y emociones. Además, este problema se agrava por tener un marco de referencia limitado. Su percepción del tiempo se centra en lo inmediato, y por razones propias de su etapa de desarrollo, les resulta difícil situar sus desafíos actuales dentro de la perspectiva más amplia de toda una vida.

Esta disonancia entre sus experiencias y su percepción de quién es Dios puede llevarlos a cuestionar su fe, especialmente, si no cuentan con un espacio seguro para expresar estas inquietudes o no han sido guiados para entender que, incluso en el sufrimiento, Dios continúa estando presente y sigue siendo bueno y confiable. Es crucial ayudarlos a ver que la fe no siempre implica tener todas las respuestas, sino que deben confiar en el carácter de Dios incluso en medio de lo incomprensible.

Es crucial ayudarlos a ver que la fe no siempre implica tener todas las respuestas, sino que deben confiar en el carácter de Dios incluso en medio de lo incomprensible.

De lo circunstancial a lo eterno

Una de las historias más fascinantes de la Biblia es la historia de José; se encuentra en Génesis 37 al 40. Con solo 17 años recibe una visión de parte de Dios para su vida. Desde el primer momento, comienza a atravesar una serie de situaciones adversas. Algunas de ellas motivadas por su orgullo adolescente y otras que ponen a prueba su carácter. Otras veces es olvidado por algunas personas en las que él había confiado, y así podríamos seguir por los siguientes diecisiete años de su vida que son narrados en la Biblia, en los que el carácter de José es probado vez tras vez. Si analizamos parcialmente el cuadro de la vida de José, podemos concluir que Dios se olvidó de él, y que tomó varias decisiones fuera de la voluntad de Dios y por eso no le estaba yendo nada bien.

Sin embargo, sabemos que el hecho de que las cosas no estén saliendo como él piensa que deben suceder no significa que Dios lo haya olvidado, sino que, simplemente, su carácter está siendo moldeado y que, finalmente, Dios le llevará al cumplimiento de su propósito y toda una nación será salvada de la calamidad gracias a él.

Si vemos paso a paso su historia veremos que sufrió violencia, abandono, soledad, decepción y tentaciones sexuales. Y cuando miramos el cuadro completo, llegamos a la conclusión de que el no dejar que lo apabullaran las situaciones contradictorias y circunstanciales que experimentó lo llevó a desarrollar su carácter y a convertirse en uno de los hombres más poderosos de su época.

Como mencionamos antes, José se enfrentó a situaciones que tuvieron que ver con su parte ética y moral, como cuando huyó corriendo de la mujer de Potifar, quien quería tener relaciones sexuales con él (Génesis 39:1-23). Me gusta resaltar que, frente a este momento de decisión, él dice: "No puedo acostarme con esta mujer y fallarle a su esposo, que me ha puesto como señor de todo lo que él tiene. No puedo decepcionar a este hombre que ha confiado en mí y que tiene expectativas buenas conmigo, y tampoco puedo decepcionar a Dios, que me ha dado una visión y un propósito mucho más grande que el placer momentáneo que puedo lograr cediendo a esta tentación". Si vamos al contexto de lo inesperado, aunque él está tomando las decisiones correctas y está tratando de obedecer a Dios, termina preso como resultado de esta buena decisión.

Una y otra vez vemos que la tragedia, la dinámica de lo impensado, tienen una cita permanente con José y que, sin embargo, él logra superar cada etapa y avanzar hacia su llamado. Es de vital importancia enseñarles a nuestros hijos a perseguir un sueño más grande que sus propias vidas, y ayudarlos a ver que los planes de Dios para ellos son más grandes que cualquier engaño o promesa vacía de placer momentáneo que el enemigo tenga para ofrecerles.

Debemos enseñarles que su fe no debe ser circunstancial y que ella será probada y purificada por las experiencias de la vida con la finalidad de que pueda sostenerlos durante todo su caminar hacia la madurez.

Un fundamento sólido

Jesucristo es el fundamento sólido. La única persona en la que ellos pueden, de seguro, poner toda su confianza. Debemos apuntar la fe de nuestros hijos a la persona de Jesús y, especialmente, dar respuesta a las preguntas: "¿Quién es Él?" y "¿Qué ha hecho por nosotros?". Confiamos en Jesús porque él es el hijo de Dios, él es Dios.

En los primeros tres capítulos del libro de Hebreos encontramos evidencia de esto: el resplandor de la gloria de Dios y la imagen de quién es él, quien siendo semejante a Dios caminó entre nosotros siendo hombre. Dio pruebas y evidencias de quién era. Fue tentado en todo, tomó nuestros pecados y murió en la cruz por nosotros, se levantó de entre los muertos, ascendió a los cielos y, haciendo todo esto frente a una multitud de testigos, ahora está sentado a la diestra del padre.

Cuando la fe de nuestros hijos está centrada en la persona de Jesús, si él realmente es quien dice ser, entonces no debemos preocuparnos de que algo malo les suceda.

Ellos tienen un sumo sacerdote que los entiende porque fue tentado en todo (Hebreos 4:14-16). Tenemos a Jesús, quien es el sumo sacerdote y consumador de nuestra fe, que pasó por diferentes situaciones que nos ayudan a comprender que él puede entender cada una de nuestras circunstancias, porque él mismo pasó por ellas. Nuestros hijos pueden aprender a abrirse en el momento de dificultad y dolor sabiendo que encontrarán comprensión y misericordia en cada situación.

Jesús mismo experimentó, entre otras cosas:

Rechazo (Mateo 13:53-58)
Tentación (Mateo 4:1-11)
Miedo (Mateo 26:39)
Abandono (Mateo 26:56)
Soledad (Mateo 27:46)
Tristeza (Mateo 26:38)

Así que nada de lo que nuestros hijos puedan sentir tomará a Jesús por sorpresa o hará que piense: "¿Cómo pudiste hacer eso?" o "¡Nunca me imaginé que fueras capaz de hacer lo que hiciste!". Su misericordia está disponible para cada uno de nosotros. Todo esto ayuda a incrementar la confianza de nuestros hijos en un Jesús que los comprende.

La fe de nuestros hijos debe fundamentarse en las promesas que Dios nos da en su Palabra. Una buena definición de fe auténtica podría ser: "Fe es creer que Dios es quien dice ser, y es capaz de hacer todo lo que ha prometido hacer". La fe de nuestros hijos no puede estar centrada en ellos mismos, ni en nosotros, ni en sus amigos ni en sus pastores, porque de ser así, en algún momento se decepcionarán y correrán en sentido contrario a Dios. La confianza de ellos debe estar en las promesas absolutas y en el carácter inmutable de Dios y, para afirmar esas promesas, debemos conducir a nuestros hijos a la lectura de la Biblia. Debemos buscar formas creativas de ayudarlos a conocer las cientos de promesas de Dios para sus vidas.

Promesas y expectativas personales

Muchas veces las expectativas de nuestros hijos no se cumplen y tienden a pensar que Dios los decepcionó. Tenemos que enseñarles a separar las expectativas personales de aquellas cosas que Dios ha prometido hacer.

Como vimos, la vida de José estuvo plagada de dificultades; sin embargo, en cada una de ellas pudo ver la mano de Dios, su favor y misericordia acompañándolo, dándole fuerzas, librándolo de maneras excepcionales y, más aún, dándole un grado de favor superior delante de los hombres.

No estoy diciendo que en la práctica sea fácil de llevar a cabo; sin embargo, muchas veces vemos que cuando lo que esperan no sucede o no se da como ellos desean, caen en la decepción y en el descreimiento.

No podemos enseñarles a nuestros hijos que la fe es algo que pueden utilizar para modificar la postura de Dios con respecto a algo. Que las cosas no se den de acuerdo a sus expectativas no significa que estén fuera de la voluntad de Dios o que estén pecando. Simplemente, como vemos en la historia de José, algunas situaciones no sucedían de acuerdo con lo que él esperaba, porque Dios lo estaba guiando hacia su propósito (lo cual no significa que el camino estuviera libre de contratiempos ni situaciones difíciles). A veces, no tendrán la respuesta que esperan, las cosas no saldrán de acuerdo con sus deseos personales; sin embargo, podemos estar seguros de que, aun en esos momentos, su gracia y misericordia actuarán en beneficio de ellos.

En ocasiones, llevamos a nuestros hijos a pensar que la fe es tener la seguridad de que, si deseas mucho algo, entonces lo tendrás. Esta idea no es ni siquiera bíblica. Por ejemplo, cuando vemos un juego electrónico en Amazon y lo compramos, tenemos el deseo de recibirlo pronto en nuestra casa. Sin embargo, lo que nos asegura que ese producto está en camino es el correo electrónico que recibimos con la confirmación de compra y el número de la orden que acabamos de realizar. Así pasamos del deseo a la promesa; ese correo nos confirma que ahora sí, el videojuego está en camino y finalmente llegará. La promesa te llevará de solo tener un pensamiento de deseo a tener fe que lo tendrás en tus manos.

El puente que une el deseo a la fe es la revelación de Dios, las promesas increíbles que están en su Palabra en las que podemos confiar plenamente. Dios es un padre bueno que desea bendecir a nuestros hijos y concederles los deseos de su corazón.

"Deléitate en el Señor, y él te concederá los deseos de tu corazón" (Salmo 37:4).

Capítulo 8:

Crecimiento espiritual y carácter

Guiarlos a la obediencia por amor

El amor de Dios por nuestros hijos no está determinado por su comportamiento, es incondicional. En ocasiones, queremos reducir el cristianismo a una lista de reglas, como si la fe pudiera medirse en una balanza entre lo permitido y lo prohibido. Pero la verdadera esencia del cristianismo no se encuentra en una lista de deberes y restricciones, sino en una relación viva y vibrante, en una invitación a sumergirnos en el amor transformador de Dios. No es un código de comportamiento rígido, sino un camino de libertad donde cada elección se convierte en un acto de amor. Cristo no vino para llenarnos de cadenas invisibles, sino para liberarnos de ellas, para mostrarnos que la fe no se mide por las cosas que no debemos hacer, sino por la plenitud de vida que encontramos cuando seguimos su ejemplo.

El filósofo Dallas Willard desarrolla una idea que resume la manera en que muchos de nosotros pensamos acerca de la fe. Él lo llama "el evangelio del manejo del pecado". Comenta que no debemos minimizar el mensaje del evangelio simplemente a un manual de manejo de pecado, es decir, cumplir con esas listas de lo que ***no*** podemos hacer. En cambio, nuestra labor es instar a nuestros hijos a que la fe no sea pensada únicamente como un arma de resolución de conflictos que tienen que ver con el pecado, sino utilizar la fe para una visión integral de sus vidas.

Yendo un paso más adelante, en la Biblia no encontramos una lista de acciones que Jesús ***no*** hizo, todo lo contrario. Animemos a nuestros hijos a practicar la fe del ***sí***, que es lo que Dios sí desea y nos pide que hagamos.

Nuestros hijos necesitan descubrir lo que significa confiar en Jesús, y nuestro objetivo debe ser ayudarlos a que comprendan que la obediencia es una respuesta a esa confianza.

Los discípulos le hicieron la siguiente pregunta a Jesús:

"¿Qué tenemos que hacer para realizar las obras que Dios exige? —le preguntaron. —Esto es lo que Dios quiere que hagan: que crean en aquel a quien él envió —respondió Jesús." (Juan 6:28-29 NVI).

En vez de una lista de cosas que "debemos hacer", Jesús responde que lo que necesitamos es "confiar" en que él es el hijo de Dios. Esta palabra "crean" que aparece en el verso 29, en griego es ***pisteou***.

Nuestro cristianismo no se debe fundamentar en hacer, sino en confiar en Jesús. Él no está interesado en relacionarse con nosotros por medio de rituales o intentos por escalar la escalera de la justicia propia, sino más bien debemos acercarnos a Jesús para que, por medio de ese incremento de nuestra confianza en él, podamos practicar una fe fundamentada en el amor.

Debemos llevar a nuestros hijos a la convicción de que obedecemos porque amamos, y no que somos amados porque obedecemos. Obedecemos no por temor al castigo, lo hacemos porque nos sabemos amados por un Padre bueno.

Fe para la vida diaria

Cuando hablo de fe para la vida diaria, quiero decir una fe práctica, de convicciones, y no de emociones o circunstancias. Uno de los grandes desafíos que tenemos como padres es ayudar a nuestros hijos a dejar de depender de nuestra fe para que desarrollen su propia experiencia de fe fundamentada en las promesas que Dios da en su Palabra.

Nuestra labor en este proceso de acompañar a nuestros hijos es un camino de doble vía. Por un lado, los ayudamos a que aprendan a confiar en Jesús y a que ellos exploren la fe y la confianza mientras practican la libertad que tienen en Cristo para responder en amor. Mientras tanto, representamos el amor incondicional que no los juzga y que siempre los acepta, de manera que entiendan que no pueden hacer nada que ponga en riesgo o minimice ese amor.

Debemos llevarlos desde las simples creencias a las fuertes convicciones. Y para esto necesitan crecer en su relación con Cristo. Las experiencias espirituales e involucrarse en una comunidad de fe vibrante son fundamentales en la integración de la fe a sus vidas. De este modo, ven a Dios más activo, interesado y presente en el día a día de la realidad que viven. A su vez, desarrollan un mayor sentido del poder y de la soberanía de Dios sobre sus vidas y situaciones externas, lo que les permite observar su relación con Dios a la vista de esos atributos.

Tienen una mayor percepción del amor, la gracia y la fidelidad de Dios. Tienen una mayor certeza de la realidad de que Dios está con ellos y que él quiere lo mejor para ellos, sin condenarlos por sus errores.

Tenemos que creer que Aquel que comenzó en ellos la obra la va a perfeccionar y que, en definitiva, no somos nosotros los que producimos los cambios, ni la transformación en la vida de nuestros hijos. La obra la hace el Espíritu Santo en cada una de sus vidas.

Uno de los grandes desafíos que tenemos como padres es ayudar a nuestros hijos a dejar de depender de nuestra fe para que desarrollen su propia experiencia de fe fundamentada en las promesas que Dios da en su Palabra.

Por otro lado, la formación del carácter no consiste en intentar manipular a nuestros hijos para que se comporten de cierta manera, y que de esa forma se ganen el amor de Dios o el nuestro. Las personas solemos hacer lo correcto, especialmente, cuando estamos a la vista de los demás. En cambio, los que desarrollan un carácter semejante al de Cristo hacen lo correcto incluso cuando nadie los está mirando. Estos pueden cuestionar e incluso desafiar las expectativas de los demás para vivir el mandato de Jesús de amar a Dios y a los demás.

Alguien que se porta bien seguramente no va a hacer ***bullying*** a sus compañeros de clase; los que desarrollan el carácter cristiano se enfrentan a los acosadores. Al igual que Jesús, usan sus voces para defender a los marginados. Se involucran en causas porque eso es lo que seguir a Jesús los compromete a hacer. A veces, se meten en "buenos problemas", el tipo de problemas santos que Jesús creó cuando se enfrentó a personas poderosas y sistemas de opresión.

Es por eso que definimos el carácter como vivir la bondad de Jesús todos los días al amar a Dios y a nuestro prójimo.

La espiritualidad de la identidad

Henri Nouwen, escritor muy querido y un respetado profesor de consejería pastoral, debatió extensamente sobre la espiritualidad de la identidad. Reflexionó acerca de que todas las personas nos hacemos esta pregunta a lo largo de la vida: "¿Quién soy?". Y hay cinco formas erróneas a través de las cuales intentamos responder a esta pregunta:

1. "Soy lo que tengo".
2. "Soy lo que hago".
3. "Soy lo que otros piensan o dicen de mí".
4. "Soy mi peor momento".
5. "Soy mi mejor momento".

Todas estas respuestas resultan inadecuadas e incluso destructivas, ya que ni los logros, ni los fracasos, ni la opinión de los demás define realmente quiénes somos. Para Nouwen, la respuesta a "quién soy" es el mensaje de Jesús y la Biblia.

"Mas a cuantos lo recibieron, a los que creen en su nombre, les dio el derecho de ser hijos de Dios" (Juan 1:12 NVI).

Hemos sido creados, redimidos y llamados a vivir como hijos preciosos y amados por Dios.

Nuestros hijos pueden ser buenos en muchas cosas y darnos grandes alegrías a medida que su personalidad se va desarrollando y se convierten en alguien con mucho para ofrecer al mundo. Sin embargo, debajo de los dones, talentos y habilidades, nuestros hijos son más que la suma de sus capacidades y de su personalidad. En lo más profundo, cada uno de ellos es un amado hijo de Dios.

Es por esto mismo que nosotros no debemos valorarlos según sus talentos, dones, habilidades, comportamientos o porque son buenos para hacer ciertas cosas, ya que Dios no los valora de acuerdo con eso. Nosotros entendemos que son hijos amados de Dios y en eso reside su valor. Si nuestros hijos pueden verse a sí mismos como Dios los ve, tendrán una autoestima saludable.

Aquello que ellos creen de sí mismos y cómo se ven a ellos mismos, en gran medida será determinante en lo que harán con sus vidas.

Cada joven se descubre a sí mismo cuando se encuentra con Dios y comprende lo que Dios dice y espera de él. Todos aquellos que son hechos hijos de Dios cuentan con los derechos y privilegios de un hijo.

Cuando ellos entienden y experimentan esta verdad, pueden crecer en su estima, mejorar la imagen que tienen de sí mismos y desarrollar una vida de devoción y amor a Dios.

Cada uno de los adolescentes que está bajo nuestro cuidado es único, especial y tiene un llamado específico. Dios se ha tomado el tiempo de formarlos y pensarlos para este tiempo de la historia. La manera en que ellos van a disfrutar de su caminar con Jesús en esta vida y van a poder funcionar en su máxima expresión es descubriéndose a sí mismos en Dios. De esa manera llegarán a ser la mejor versión de sí mismos. Nuestro trabajo y aporte en ese proceso es esencial. Todo debe obrar en pos de ese objetivo: desde las actividades y programas que realizamos, pasando por el material que les enseñamos y, por supuesto, la referencia irreemplazable a las Escrituras.

"Pero Dios es tan rico en misericordia y nos amó tanto que, a pesar de que estábamos muertos por causa de nuestros pecados, nos dio vida cuando levantó a Cristo de los muertos. (¡Es solo por la gracia de Dios que ustedes han sido salvados!)" (Efesios 2:4-5).

Crear una cultura de amor incondicional impulsa a nuestros hijos a la salud emocional y moral. La demostración más grande del amor de Dios por nosotros es su amor sacrificial. Si deseamos ayudar a nuestros hijos a tener una buena imagen de sí mismos, llevémoslos a la comprensión de que el amor de Dios hacia ellos no se fundamenta en quiénes son, sino en quién es él.

En la Biblia leemos que Dios no ***tiene*** amor, él ***es*** amor, y ese amor no está limitado por el comportamiento de nuestros jóvenes, sino que se fundamenta en lo que Dios ya ha hecho por ellos.

Dios no los ama por lo que hacen, él los ama por lo que son. Es un amor que no demanda aprobación previa. Nada de lo que ellos hagan pondrá en riesgo el amor del Padre por ellos.

Nada desalienta más a nuestros hijos en el camino de la fe que el sentimiento de culpabilidad que los lleva a desconectarse de su relación con Dios a causa de sus fracasos y errores. Sienten que él no podrá perdonar lo que han hecho. Debemos ayudarlos a comprender que Dios, en esencia, es perdonador y que cuando confesamos nuestros pecados y nos arrepentimos, él nos perdona y olvida nuestras faltas.

El profeta Jeremías dijo de parte de Dios:

"Ya no tendrá nadie que enseñar a su prójimo, ni dirá nadie a su hermano: '¡Conoce al Señor!', porque todos, desde el más pequeño hasta el más grande, me conocerán —afirma el Señor—. Yo les perdonaré su iniquidad, y nunca más me acordaré de sus pecados". (Jeremías 31:34 NVI)

Con respecto a esto, nuestras acciones de amor incondicional pueden hacer la gran diferencia en la vida de ellos, ya que les ayudarán a acentuar su fe y confianza en un Dios de amor. Lo que lleva a los jóvenes a tomar decisiones, en ocasiones hasta en contra de sus propios valores y convicciones, es el deseo de ser aceptados y de recibir aprobación de sus amigos, uno de los aspectos que definen la adolescencia.

Crear una cultura de amor incondicional impulsa a nuestros hijos a la salud emocional y moral.

Cuando lidian con una baja autoestima, caen presos en la trampa de las comparaciones. Pasan tiempo pensando que otras personas se ven mejor, son más inteligentes, más talentosas o que tienen mejores cosas que ellos, lo cual empieza a formar una imagen pobre de sí mismos. Siempre encontrarán otros jóvenes que tengan cosas que ellos no tienen. Pero si tienen el corazón sano y una buena imagen de sí mismos, aprenden a aceptar, apreciar y dar gracias porque Dios los ha hecho únicos y especiales.

Salud emocional

La presión que como padres ejercemos sobre nuestros hijos se expresa de diferentes maneras: una atención excesiva a las calificaciones, una participación intrusiva en el horario diario o críticas constantes ante los fracasos. Estas dinámicas afectan profundamente el vínculo entre padres e hijos, una relación que es decisiva para la salud mental de los niños.

Cuando un niño siente que no cumple con las expectativas de sus padres, ese vínculo puede debilitarse. La crítica no solo hiere, sino que se percibe como un rechazo, como una pérdida de amor. Lo que debería ser un refugio seguro se convierte en una fuente de tensión y peligro emocional. El miedo a no ser amados tal como son puede llevar a los niños a crear una versión idealizada y perfecta de sí mismos, creyendo que solo así recibirán la seguridad y el afecto que anhelan. Con el tiempo, comienzan a depender de estándares imposibles como indicadores de su valía y del amor parental.

Cuando no logran alcanzar esas metas —ya sea por contratiempos inevitables o porque el listón está demasiado alto— lo interpretan como un fallo personal, un reflejo de que no son "suficientemente buenos".

La presión, el perfeccionismo, la ansiedad y la depresión en los niños suelen tener una raíz común: una necesidad insatisfecha de sentirse valorados incondicionalmente, más allá de logros, trofeos, cartas de aceptación, "me gusta" o elogios. Cuando un niño cree que su valor depende únicamente del éxito, su autoestima y su identidad quedan comprometidas.

El poder de sentirse valorados

En la década de 1980, el psicólogo social Morris Rosenberg estudió la autoestima en adolescentes y descubrió que sentirse valorados por sus padres era fundamental para su bienestar. Aquellos que se sentían importantes disfrutaban de mayor autoestima y menores tasas de depresión que quienes percibían ser menos significativos.

Sentirse valorado implica saber que tienes conexiones profundas, significativas y que no estás solo en la vida. Gordon Flett, investigador en perfeccionismo e importancia, describe esta sensación como una necesidad instintiva de ser vistos, cuidados y comprendidos por quienes nos rodean.

Importarles a otros: pequeños gestos que producen grandes impactos. El sentimiento de que "le importamos a los demás" se construye en momentos tanto extraordinarios como cotidianos: un amigo que los celebra con palabras sinceras, alguien que los tiene presentes cuando atraviesan una dificultad y se los hace saber, o un maestro que confía en ellos y les encarga alguna responsabilidad extra. Estos gestos comunican que somos valiosos y capaces de contribuir al mundo que nos rodea.

Nadie nace con una percepción clara de su propio valor. Esta se forma con el tiempo, basada en cómo somos tratados por las personas más importantes en nuestras vidas, especialmente nuestros cuidadores principales. La autoestima funciona como un barómetro social, reflejando cómo creemos ser percibidos por los demás. Cuando somos valorados por quienes somos —y no por lo que hacemos— desarrollamos un sentido sólido de autoestima. Aprendemos que nuestro valor no está en los logros, sino en nuestra propia existencia.

El dolor, el sufrimiento y las dificultades

Nuestra gran meta es parecernos a Jesús. Ser transformados y conformados a la imagen del carácter de Jesús es el objetivo que perseguimos cada uno de los que hemos respondido a su llamado para nuestras vidas. Alcanzar la madurez no es otra cosa que parecernos a Jesús, pero esto no sucede de la noche a la mañana. Toma tiempo, requiere superar varios desafíos, caminar con él, escucharlo, darle prioridad a lo que él quiere para nosotros y morir a nuestros deseos (Filipenses 3:12).

A medida que nuestros hijos van creciendo necesitan ser afirmados con palabras tales como: "Eres amado, eres único, tienes dones, eres valioso, eres valorado". Debemos quebrar la desesperanza y desconfianza que reciben a través de mensajes concretos desde el mundo que les rodea y de la cultura en la que están inmersos. Afirmemos sus valores, sentimientos y unicidad.

"También nos alegramos al enfrentar pruebas y dificultades porque sabemos que nos ayudan a desarrollar resistencia. Y la resistencia desarrolla firmeza de carácter, y el carácter fortalece nuestra esperanza segura de salvación" (Romanos 5:3-4).

Como padres lo último que deseamos es que nuestros hijos atraviesen situaciones en las que experimenten dolor. Sin embargo, el sufrimiento es una de las avenidas principales que deberán recorrer para crecer, formar su identidad y madurar. Cuando hablamos de lidiar con el dolor y el sufrimiento no nos referimos a situaciones extremas, aunque estas acontecen (por ejemplo, la pérdida de un ser querido o una relación rota). Tal vez se trate de situaciones menores, como problemas relacionales con sus amigos, cuestiones escolares, la acumulación de actividades, etc. Todas estas experiencias que van surgiendo en el proceso hacia la vida adulta son valiosas para ayudarlos a descubrir a Dios en medio de ellas.

Parte de nuestra labor es prepararlos para navegar la vida desde una perspectiva que los capacite para enfrentar los retos. Estas son algunas de las premisas que quizá nos ayuden a guiar a nuestros hijos:

1. La vida no siempre es cómoda; es un viaje que nos lleva de la comodidad a los desafíos.
2. No todo saldrá como lo esperas, pero cada giro inesperado puede enseñarte algo valioso.
3. Aunque es natural enfocarse en uno mismo durante la juventud, crecer implica aprender a preocuparse por los demás.
4. Eres parte de una narrativa más grande; aunque no eres el centro de la historia, tu papel es significativo.
5. La vida requiere que enfrentes dificultades y aprendas a superarlas con valentía.

6. Los logros no llegan sin esfuerzo; cada paso requiere dedicación y trabajo.

7. Perseverar frente a los retos será esencial para alcanzar tus metas.

8. Habrá momentos de dolor y sufrimiento, pero son oportunidades para crecer en fortaleza y resiliencia.

9. Algunas personas no actuarán como esperas, pero esto te enseñará a manejar la decepción y a ser más comprensivo.

10. Los límites no son barreras, sino guías que nos ayudan a vivir con propósito y equilibrio.

Es cierto que estas frases parecen un tanto duras y negativas, sin embargo, los adolescentes necesitan oírlas. Por supuesto que son valorados, únicos y amados, pero también necesitan entender que, entrando en su etapa de madurez, desarrollarán su vida en un mundo que es más grande que ellos mismos y que no gira a su alrededor. Enfrentarán dificultades y momentos duros, pero esto los llevará a desarrollar una fe sólida en Jesús que les ayudará a enfrentar y superar cualquier situación por difícil que sea.

Algunas formas en que perjudicamos a nuestros adolescentes

Muchas veces nuestras acciones o palabras, aunque estén llenas de buenas intenciones, pueden terminar perjudicando a nuestros hijos sin que lo notemos.

Por eso, quiero compartir contigo algunos hábitos o paradigmas de crianza que, aunque parten del deseo genuino de hacer el bien, al sostenerse en el tiempo se convierten en patrones que afectan negativamente el desarrollo emocional, social o espiritual de nuestros hijos.

Si reconoces alguno de estos hábitos en tu propia experiencia, te animo a que seas intencional y busques la guía de Dios para realizar los ajustes necesarios en tu camino como papá o mamá.

Reducir al mínimo su exposición al riesgo

Es natural que nuestra principal preocupación sea mantenerlos seguros, deseando ofrecerles una vida ideal, sin dolor ni errores. Sin embargo, cuando caemos en la sobreprotección, el efecto suele ser adverso. La estrategia del aislamiento puede parecer razonable, pero en el fondo está motivada por el miedo: miedo a lo que el mundo pueda hacerles, miedo a que no logren resistir las influencias negativas de un sistema de valores distorsionado. Incluso llegamos a temer que Dios no sea lo suficientemente poderoso en sus vidas como para ayudarlos a superar estas pruebas.

Rescatarlos demasiado rápido

Cuando intervenimos de inmediato ante cualquier dificultad, evitamos que los adolescentes enfrenten sus propios retos y desarrollen habilidades para resolver problemas. Este hábito de intervenir ante el menor problema les enseña a depender de otros para salir adelante, impidiéndoles asumir la responsabilidad de sus decisiones. En lugar de ayudarlos, los privamos del crecimiento que surge de buscar soluciones y asumir las consecuencias de sus actos.

Cuando no compartimos con ellos nuestros errores del pasado.

En esta etapa de sus vidas, hablar de nuestros propios errores y lecciones aprendidas es una herramienta poderosa. Comparte ejemplos relevantes de situaciones que viviste a su edad y cómo esas experiencias te ayudaron a tomar mejores decisiones. Es importante ser prudente al seleccionar los ejemplos; evita mencionar aspectos que puedan ser contraproducentes.

Al mismo tiempo, prepara a tus hijos para que entiendan que tropezar forma parte del proceso de madurez. Hablarles de cómo enfrentaste tus propios desafíos y qué aprendiste de ellos no solo les brinda perspectivas valiosas, sino que también fortalece la relación al mostrarnos vulnerables. Esta honestidad les da la esperanza y la confianza de que podrán superar sus propias luchas mientras crecen.

Camino a la madurez

Identificar los hábitos y paradigmas que moldean nuestra manera de transmitir la fe es un paso fundamental para hacerlo de forma eficaz. A veces, sin darnos cuenta, sostenemos patrones que pueden limitar el crecimiento espiritual de quienes nos rodean.

Por eso, quiero compartir contigo algunas acciones prácticas que pueden ayudarte a proporcionar las herramientas necesarias para alcanzar la madurez en este camino. Si al reflexionar reconoces áreas en las que puedes mejorar, te animo a que tomes decisiones intencionales y busques la guía de Dios para seguir creciendo con sabiduría.

1. Fomentemos la autonomía con responsabilidades.

Cuando los adolescentes buscan mayor independencia, asegurémonos de acompañarla con responsabilidades que los preparen para manejar esa libertad con madurez.

2. Ofrezcamos conocimiento acompañado de acción.

Proveer información sin oportunidades para aplicarla genera consumidores pasivos en lugar de personas activas y productivas. Cada vez que un adolescente aprende algo nuevo, alentémoslo a reflexionar: ¿q***ué acción debo tomar en respuesta a este conocimiento?*** La madurez se construye al convertir el aprendizaje en acción.

3. Diseñemos experiencias que complementen su mundo hipertecnológico.

En un contexto donde los adolescentes están constantemente expuestos a pantallas y dispositivos, planifiquemos actividades presenciales que promuevan interacciones significativas con personas de diferentes generaciones. Estas experiencias cara a cara son fundamentales para su desarrollo social y emocional.

4. Creemos oportunidades para servir a los demás.

Participar en actividades de servicio comunitario ayuda a los adolescentes a salir de su enfoque en sí mismos, sensibilizando sus corazones y conectándolos con las necesidades reales de otros. Estas experiencias les ofrecen una perspectiva más equilibrada y saludable.

Nuestra misión es encontrar el balance adecuado entre la información que reciben y su aplicación práctica, proporcionando oportunidades que transformen el conocimiento en aprendizajes vivenciales que impacten en su vida cotidiana.

Aprendemos de nuestros hijos

Tradicionalmente, se pensaba que la enseñanza fluía solo de los padres hacia los hijos: los padres eran los modelos a seguir y los niños simplemente absorbían lo que se les transmitía. Sin embargo, un enfoque más moderno, conocido como sociología de la infancia, revela que esta dinámica es mucho más recíproca.

Nuestros hijos también nos enseñan. A medida que crecen y enfrentan desafíos, preguntas o experiencias distintas a las nuestras, tienen el potencial de enriquecer y complejizar nuestra propia fe. Por ejemplo:

- **Preguntas que transforman:** cuando los hijos formulan preguntas profundas o desafiantes, nos invitan a reflexionar más allá de lo que habíamos considerado, ayudándonos así a explorar aspectos de nuestra fe que antes no habíamos cuestionado.

- **Ideas frescas:** Sus perspectivas únicas pueden ofrecernos nuevas maneras de entender la vida y la fe, lo que enriquecerá nuestro propio camino espiritual.

Nuestros hijos también nos enseñan.

- **Impulso al aprendizaje:** La curiosidad y las inquietudes de los hijos pueden inspirarnos a profundizar, buscar respuestas y replantearnos lo que creemos y por qué lo creemos.

Esta relación de aprendizaje mutuo abre la puerta a conversaciones significativas que no solo fortalecen los vínculos familiares, sino que crean también un contexto donde todos, padres e hijos, crecen juntos en su camino como cristianos. La fe, entonces, se transforma en una experiencia compartida, dinámica y viva dentro del hogar.

SECCIÓN PRÁCTICAS ESENCIALES

Así que no nos cansemos de hacer el bien. A su debido tiempo, cosecharemos numerosas bendiciones si no nos damos por vencidos. (Gálatas 6:9).

Capítulo 9:

Construyendo una familia espiritual activa

Al iniciar esta sección, quiero compartir contigo algunas ideas prácticas para que puedas comenzar a tener una influencia positiva e intencional en el desarrollo de la fe de tus hijos. Todo lo que te propongo aquí se puede realizar de manera simple y adaptarse a tus horarios laborales y a la rutina familiar.

Ideas para aplicar según las edades

Entre los 0 y los 5 años

Enfoque: establecer confianza y creencias fundamentales sobre Dios.

Necesidad principal: seguridad y amor incondicional.

Meta de discipulado: introducir a nuestros hijos a la idea de que Dios los ama y que pueden confiar en él.

En esta etapa, los niños necesitan experimentar la seguridad de un amor constante, estable y capaz de brindar protección, lo cual establece las bases para confiar en un Dios que también les ofrece amor y seguridad inquebrantables.

Principios clave y cómo aplicarlos:

1. Transmitir amor y confianza en Dios

Principio: mostrar que Dios es amoroso, cercano y confiable.

Cómo hacerlo:

- Establecer rutinas sencillas, como orar antes de las comidas o antes de dormir.
- Usar canciones, historias bíblicas y actividades visuales para enseñarles verdades como: "Dios te hizo," "Dios te ama" y "Dios siempre está contigo".

2. Crear un entorno familiar seguro

Principio: los niños pequeños aprenden mejor en entornos predecibles y seguros.

Cómo hacerlo:

- Mantén consistencia en cuanto a los horarios y las rutinas.
- Usa un lenguaje afectuoso que refuerce que tú cuidas de ellos y que Dios los protege.

3. Enseñar valores fundamentales con ejemplos sencillos

Principio: los niños aprenden observando.

Cómo hacerlo:

- Muestra paciencia, bondad y perdón en tu trato con ellos.
- Señala cómo Dios es paciente y bueno con nosotros.

Entre los 6 y los 10 años

Enfoque: desarrollar una comprensión del carácter de Dios y de las verdades bíblicas fundamentales.

Necesidad principal: un sentido de pertenencia e identidad.

Meta de discipulado: ayudar a nuestros hijos a entender cómo los principios de Dios se aplican a sus relaciones y decisiones.

Estrategias prácticas:

· Comparte historias bíblicas que destaquen la fidelidad y la justicia de Dios.

· Fomenta preguntas sobre lo correcto y lo incorrecto, guiando las conversaciones a la luz de las Escrituras.

· Refuerza principios como la bondad, la honestidad y el perdón en las situaciones cotidianas.

En esta etapa, los niños comienzan a formar su identidad y comprensión del mundo, por lo que necesitan ver cómo Dios y su Palabra son relevantes y aplicables en su vida diaria.

Principios clave y cómo aplicarlos:

1. Enseñar historias bíblicas para mostrar el carácter de Dios

Principio: los niños necesitan ejemplos concretos para entender quién es Dios.

Cómo hacerlo:

· Comparte historias que destaquen la fidelidad, la justicia y el amor de Dios, como David y Goliat, o Moisés frente al mar Rojo.

· Relaciona estas historias con sus propias experiencias cotidianas.

2. Fomentar conversaciones abiertas sobre valores

Principio: los niños comienzan a desarrollar un sentido más claro de lo que está bien y de lo que está mal.

Cómo hacerlo:

· Responde a sus preguntas sobre el bien y el mal usando principios bíblicos como base.

· Provoca conversaciones sobre cómo pueden practicar la bondad, la honestidad y el perdón en su día a día.

3. Involucrarlos en actividades espirituales

Principio: la participación activa fortalece su sentido de pertenencia.

Cómo hacerlo:

· Inclúyelos en actividades familiares como leer devocionales o servir juntos en la iglesia.

· Pídeles que oren por las necesidades familiares o de sus amigos.

Entre los 11 y los 14 años

Enfoque: Abordar sus dudas y fomentar que desarrollen una fe personal.

Necesidad principal: Orientación y aceptación en medio de cuestionamientos y cambios.

Meta de discipulado: Ofrecer un espacio seguro donde los preadolescentes puedan explorar su fe mientras se mantienen fundamentados en la Biblia.

Estrategias prácticas:

· Estar disponibles para mantener conversaciones abiertas y honestas sobre temas espirituales y morales.

· Ser ejemplo de cómo la fe influye en las decisiones y el comportamiento diario.

· Brindar oportunidades adecuadas para su edad que les permitan servir y liderar dentro de la iglesia.

En esta etapa de preadolescencia comienzan a cuestionarse lo que creen y por qué. Es fundamental guiarlos con amor y paciencia, permitiéndoles expresar sus dudas mientras se les ayuda a profundizar en su relación con Dios.

Principios clave y cómo aplicarlos:

1. Proveerles un espacio seguro para que expresen sus dudas y preguntas

Principio: la fe auténtica se desarrolla cuando los preadolescentes pueden explorar sus dudas.

Cómo hacerlo:

· Escucha sin juzgar y responde con paciencia.

· Anímalos a buscar respuestas en la Biblia y en conversaciones contigo y con otros líderes espirituales.

2. Ser ejemplo de una fe activa y relevante

Principio: los preadolescentes imitan lo que ven en casa.

Cómo hacerlo:

· Habla sobre cómo influye tu fe en tus decisiones y comportamiento diario.

· Involúcrense en actividades de servicio juntos, mostrando que la fe tiene un impacto práctico.

3. Fomentar un sentido de propósito espiritual

Principio: los preadolescentes necesitan entender que Dios tiene un propósito para ellos.

Cómo hacerlo:

· Anímalos a participar en oportunidades de liderazgo en la iglesia o en grupos juveniles.

· Ayúdalos a descubrir sus dones espirituales y cómo pueden usarlos para servir a otros.

Entre los 15 y los 18 años

Enfoque: apropiarse de su fe y prepararse para la independencia.

Necesidad principal: apoyo y ánimo para pensar críticamente sobre sus creencias.

Meta de discipulado: equipar a los adolescentes para que puedan articular su fe y vivirla en contextos del mundo real.

Estrategias prácticas:

· Participar en discusiones profundas sobre teología, ética y propósito de la vida.

· Fomentar prácticas espirituales como el estudio personal de la Biblia, la oración y el servicio a los demás.

· Ayudarlos a conectarse con un mentor o una comunidad espiritual fuera del núcleo familiar.

Principios clave y cómo aplicarlos:

1. Profundizar en la comprensión teológica y ética

Principio: los adolescentes necesitan una base sólida para defender su fe.

Cómo hacerlo:

· Discute temas profundos como el propósito de la vida, el sufrimiento y la moralidad.

· Proporciónales recursos como libros o podcasts cristianos que los ayuden a explorar sus preguntas.

2. Fomentar la autonomía en su vida espiritual

Principio: la transición hacia la independencia requiere práctica.

Cómo hacerlo:

· Anímalos a establecer sus propios tiempos de oración y estudio bíblico.

· Proporciónales ejemplos de cómo tomar decisiones basadas en principios bíblicos.

3. Conectar con mentores espirituales externos

Principio: necesitan de una comunidad más allá de la familia para crecer espiritualmente.

Cómo hacerlo:

· Ayúdales a encontrar mentores cristianos confiables.

· Anímalos a participar en actividades de grupos juveniles o ministerios de jóvenes.

Entre los 18 y los 25 años

El discipulado adopta un enfoque más orientado a la mentoría y el acompañamiento, ya que los jóvenes adultos están entrando en una etapa de mayor independencia. Aquí algunos principios clave para discipular en esta etapa:

1. Fomentar la fe personal y autónoma

Principio: ayudarlos a desarrollar una fe que sea genuina y propia, y no simplemente heredada.

Cómo hacerlo:

· Preguntarles cómo ven su relación con Dios y qué significa para ellos.

· Animarlos a explorar cómo su fe encaja con su carrera, estudios y decisiones de vida.

2. Ser un mentor en lugar de un instructor

Principio: cambiar el rol de autoridad directa a el de un mentor que guía y apoya.

Cómo hacerlo:

· Estar disponible para escucharlos sin imponer soluciones.

· Compartir experiencias personales de fe que les puedan servir como referencia.

3. Acompañarlos en cuanto a conectar la fe con la vida práctica

Principio: mostrar cómo aplicar la fe en el trabajo, en las relaciones y en los desafíos del día a día.

Cómo hacerlo:

· Hablar sobre la ética cristiana en el lugar de trabajo y el manejo de conflictos.

· Animarlos a servir en su comunidad y a ser testigos de Cristo en su entorno.

4. Incentivar las comunidades de fe fuera del hogar

Principio: Ayudarlos a encontrar una comunidad espiritual que refuerce su fe mientras ganan independencia.

Cómo hacerlo:

· Ayudarlos a identificar iglesias locales o grupos de jóvenes en sus nuevas ciudades o entornos, si es que estos son diferentes a los que estaban habituados.

· Animarlos a participar activamente en actividades de discipulado y de servicio.

5. Dar espacio para que puedan exponer sus preguntas y sus dudas

Principio: crear un entorno seguro para que expresen sus dudas y cuestionamientos sin temor al juicio.

Cómo hacerlo:

· Ser pacientes con sus luchas espirituales y ofrecer orientación cuando lo pidan.

· Reconocer que los cuestionamientos son parte de un crecimiento auténtico en la fe.

6. Promover la responsabilidad espiritual

Principio: ayudarlos a tomar decisiones que reflejen una madurez espiritual.

Cómo hacerlo:

· Enseñarles sobre el impacto de sus elecciones en su relación con Dios y con los demás.

· Animarlos a establecer metas espirituales personales, como mantener un tiempo regular de oración y estudio bíblico.

7. Ser ejemplo de la gracia y la oración continua

Principio: ser un ejemplo de gracia, amor incondicional y dependencia de la oración.

Cómo hacerlo:

· Orar regularmente por ellos y con ellos.

Mostrarles cómo confiar en la soberanía de Dios incluso en los · desafíos.

En esta etapa, el discipulado tiene menos que ver con reglas y más con formar jóvenes adultos que puedan vivir su fe con confianza, autonomía y un propósito claro, sabiendo que Dios camina con ellos en cada paso de esta nueva independencia.

Principios clave en todas las temporadas:

· **Enfoque relacional:** priorizar la conexión emocional por sobre la corrección constante.

· **Adaptabilidad:** ajustar las estrategias de discipulado según la etapa de desarrollo de cada hijo.

· **Consistencia:** reforzar las verdades espirituales de manera constante a lo largo de los años de crecimiento.

· **Conexión con la iglesia:** colaborar y vincularse con la iglesia para proporcionar un desarrollo espiritual integral.

· **Crianza llena de gracia:** entender que el discipulado es un proceso de sembrar semillas, no de controlar los resultados.

Todo momento es una oportunidad para formar a los hijos, según sea la etapa de su desarrollo; esto los ayuda a abrazar una fe en Cristo que los sostenga a lo largo de toda su vida.

Capítulo 10:

Cuatro prácticas esenciales

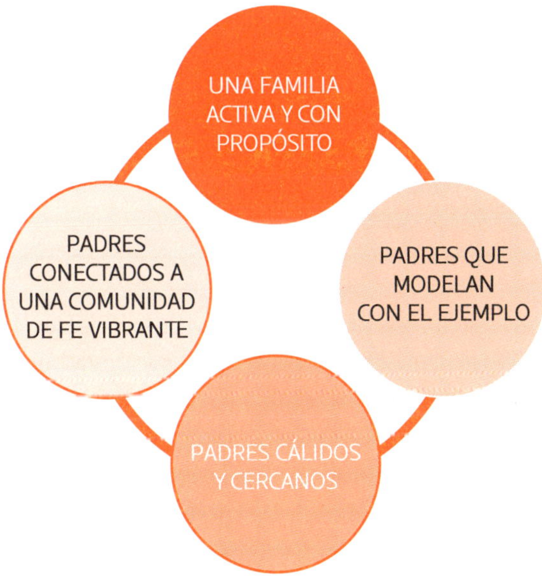

El sociólogo Christian Smith realizó estudios sobre la transmisión de la fe entre diferentes generaciones, entrevistando a más de tres mil adolescentes y sus padres, como parte del Proyecto Nacional de Estudio de la Juventud y la Religión (NSYR, por sus siglas en inglés), se llevó a cabo durante más de diez años. Siguió a jóvenes y sus familias a lo largo de varias etapas de sus vidas, desde la adolescencia hasta la adultez temprana, enfocándose especialmente en cómo los padres influyen en la fe de sus hijos y cómo esta se transfiere de una generación a la siguiente. De forma resumida, menciona estos cuatro hallazgos que siempre están presentes en la transmisión efectiva de la fe:

1. **Una familia activa y con propósito.**
2. **Padres que dan el ejemplo.**
3. **Padres cálidos y cercanos.**
4. **Padres conectados a una comunidad de fe vibrante.**

1. Una familia activa y con propósito

En el teatro de la fe, los padres y la familia son los héroes de la historia. El hogar es el refugio de inspiración donde se expresa y enseña el arte de la vida. El hogar es el lugar donde se escuchan, acogen y celebran historias de heroísmo, sacrificio y amor.

El hogar es un lugar de ministerio. Se comparten y enseñan palabras, pensamientos y acciones redentoras, se transmite la sabiduría y la instrucción de Dios. Las relaciones son el eje central de la celebración de la vida en común en un lugar, en un espacio pensado para la amistad, el compañerismo y la camaradería.

La familia es la primera comunidad donde Dios nos reúne, nos moldea y actúa en el mundo. Es el núcleo principal que utiliza para arraigar la identidad cristiana en la vida de los más chicos. La familia es la comunidad principal donde se fomentan y realizan las prácticas de la fe cristiana.

Los padres que logran transmitir eficazmente la fe a sus hijos integran de un modo natural las conversaciones sobre temas espirituales en la vida diaria. Para ellos, no es un tema compartimentado ni incómodo, sino que fluye con facilidad en sus diálogos cotidianos. No se trata de hablar de espiritualidad y fe todo el tiempo, pero sí de demostrar que la fe es relevante en todos los aspectos de la vida.

La principal forma en que la identidad cristiana se arraiga en la vida de los más chicos es a través de las prácticas espirituales cotidianas de la familia, así como la manera en que los padres dan ejemplo de su fe y la comparten en la conversación, la colaboración y la exposición a oportunidades espirituales externas.

Los padres que logran transmitir eficazmente la fe a sus hijos integran de un modo natural las conversaciones sobre temas espirituales en la vida diaria.

La influencia más determinante en la formación espiritual de los hijos no proviene de las iglesias, las escuelas o la cultura, sino de los propios padres. Los hijos tienden a adoptar las creencias y prácticas espirituales de sus padres, especialmente cuando perciben consistencia, autenticidad y un vínculo emocional fuerte con ellos.

Algunos padres creen erróneamente que sus hijos recibirán toda la formación espiritual necesaria solo por asistir a una escuela cristiana, a la iglesia o participar en grupos juveniles y campamentos. Sin embargo, estas actividades, aunque valiosas, no pueden sustituir el papel crucial de los padres en el hogar.

Los padres nunca deberían ver estas experiencias como un reemplazo de su responsabilidad en la formación espiritual diaria. En el mejor de los casos, actividades como viajes misioneros, proyectos de servicio o grupos juveniles complementan lo que ya se está haciendo en casa, reforzando los valores y principios enseñados. Pero el ejemplo personal y el compromiso directo de los padres son insustituibles para el crecimiento espiritual de sus hijos.

La familia como centro de la formación espiritual

He escuchado a algunos padres decir: "Todavía no estoy seguro de estar listo para abrazar la responsabilidad de la formación espiritual de mis hijos". Mi respuesta es que se prepararon para eso en el momento en que tuvieron hijos. Esta no es una idea mía. Es la idea de Dios. Dios es quien dijo que la formación de la fe se llevaría a cabo principalmente en el hogar.

¿Alguna vez te has preguntado si tus padres construyeron un legado espiritual? Cuando hacemos esta pregunta, pocas personas responden que sus padres fueron intencionales en crear experiencias significativas de fe, y menos aún dicen que eso formó parte habitual de su educación.

Te hago una pregunta: ¿conoces los nombres de tus tatarabuelos? Muchas personas no los recordamos. Sin embargo, sus elecciones, valores y estilo de vida dejaron una huella que todavía influye en ti, para bien o para mal.

Quisiera ayudarte a cambiar esa historia para tu familia y para las generaciones que vendrán después de ti. La Biblia nos enseña que las decisiones, tradiciones y enseñanzas de una generación pueden impactar hasta la tercera y cuarta generación. Cuando decides establecer una base espiritual sólida en la vida de tus hijos, no solo estás marcando una diferencia en su presente, sino que también estás dejando un legado que impactará a tus nietos y bisnietos. Lo que hagas hoy tiene el poder de transformar el futuro de toda tu familia.

La formación espiritual sucede en el hogar y se refuerza en la iglesia

Mark Holmen, un experto en ministerio familiar, comparte una anécdota interesante de sus días como pastor de jóvenes. En una ocasión, entregó un cuestionario a los estudiantes de su iglesia para evaluar qué tanto había influido el ministerio juvenil en su fe. Con algo de humor, cuenta que esperaba usar los resultados para convencer a los líderes de la iglesia de que le subieran el salario. Sin embargo, los resultados lo tomaron por sorpresa. La mayor influencia en la fe de los jóvenes, por mucho, provenía de sus mamás. Muy por detrás estaban los papás, seguidos por los abuelos, otros familiares, hermanos, amigos y, finalmente, la iglesia. Estudios más formales han llegado a conclusiones similares.

Esto no significa que el ministerio juvenil o la iglesia no tengan un papel importante en la vida espiritual de los jóvenes, porque sí lo tienen y es invaluable. Pero esta historia nos recuerda una verdad poderosa: como padres, somos quienes marcamos el ritmo espiritual de nuestros hijos. Nuestra influencia es la más significativa en su camino de fe. La familia siempre ha sido el mejor lugar para vivir y experimentar la fe, educar y formar.

Un elemento crucial para el desarrollo espiritual de los hijos es cómo las familias abordan la espiritualidad durante la semana. Si la fe se limita a las dos horas del servicio dominical y queda "guardada" al salir de la iglesia hasta el próximo domingo, se transmite un mensaje claro: la fe está compartimentada; pertenece al domingo, no a la vida diaria.

Cuando los padres adoptan este enfoque, los hijos perciben la espiritualidad como una actividad más, comparable a pertenecer a un club o una rutina semanal. No se les muestra que la fe es una parte integral de nuestra vida diaria, que influye en cómo pensamos, decidimos y actuamos en el mundo.

En contraste, cuando la fe forma parte de las conversaciones naturales del hogar, los hijos comienzan a comprender que pueden interpretar su vida y el mundo desde una perspectiva cristiana. Hablar abiertamente sobre cómo nuestra fe se aplica en nuestras decisiones, relaciones y desafíos cotidianos les enseña que no es solo algo que hacemos, sino una parte esencial de quiénes somos.

Este cambio —de una fe reservada para el domingo a una fe vivida día a día— es vital para mostrarles que la espiritualidad no es una "caja" en nuestra vida, sino su fundamento.

2. Padres que dan el ejemplo

Nuestros hijos tienen una butaca en primera fila a nuestra vida, observan cada uno de nuestros movimientos con ojos curiosos y corazones abiertos. Más que nuestras palabras, son nuestras acciones las que dejan una huella indeleble en sus almas. Cada gesto, cada decisión y cada reacción se convierten en lecciones vivas que ellos absorben y emulan.

Se le atribuye a Robert Fulghum esta frase: "No te preocupes porque tus hijos no te escuchan, preocúpate porque siempre te están observando".

"Y sé tú mismo un ejemplo para ellos al hacer todo tipo de buenas acciones. Que todo lo que hagas refleje la integridad y la seriedad de tu enseñanza" (Tito 2:7).

Imagina que nuestra vida es un escenario y que nuestros hijos son el público más atento. No solo escuchan lo que decimos, sino que observan cómo vivimos nuestras creencias y valores. Cuando enfrentamos desafíos con valentía, mostramos compasión hacia los demás y vivimos con integridad, les estamos enseñando más que lo que cualquier sermón podría lograr.

En la caja de herramientas que tenemos disponible como padres, la herramienta más poderosa para entrenar a nuestros hijos es nuestro propio ejemplo. Es en los momentos cotidianos, como cuando mostramos paciencia en el tráfico, ofrecemos una sonrisa a un extraño o dedicamos tiempo a ayudar a un vecino, donde realmente moldeamos sus corazones y mentes. Estos actos de amor y bondad se convierten en las semillas que plantamos en su interior, creciendo y floreciendo en su propio carácter.

Nuestros hijos aprenden a través de nuestras acciones que la fe no es solo algo que se predica, sino algo que se vive. Ven cómo respondemos al dolor, cómo celebramos las alegrías y cómo nos mantenemos firmes en nuestras convicciones. Cada día es una oportunidad para mostrarles que el amor, la integridad y la compasión son los pilares de una vida plena y significativa.

Así, al vivir de manera auténtica y coherente con nuestros valores, les damos el regalo más grande: un ejemplo digno de seguir. Porque al final, no son nuestras palabras las que recordarán, sino las acciones que vieron y el amor que sintieron.

En la caja de herramientas que tenemos disponible como padres, la herramienta más poderosa para entrenar a nuestros hijos es nuestro propio ejemplo.

Si la crianza de los hijos no nos hace más humildes, ¿qué otra cosa puede hacerlo? Nos llevó poco tiempo a Carina y a mí darnos cuenta de que nuestros hijos son como pequeños espejos que reflejan nuestra propia inmadurez y debilidades. Ah!, y también reflejan las cosas buenas que tenemos. Para bien o para mal, nuestros hijos pequeños comienzan la vida con una capacidad dada por Dios para imitar a sus padres.

Los padres intentamos enseñar valores y fe mediante la conversación, pero nuestros hijos aprenden más mediante la observación. Más allá de lo que digamos, ellos descubren lo que verdaderamente nos importa al observar lo que hacemos. En qué nos centramos les dice a ellos qué es lo que más valoramos. Una clave para ser un buen modelo a seguir es prestar atención a aquello a lo que nosotros le damos prioridad en nuestra vida.

En todos los seminarios para padres que comparto, suelo hacer esta broma. Les digo a los participantes: "Muéstrame rápido el dedo índice de tu mano derecha ahora", mientras les muestro el dedo pulgar. La mayoría de los padres, diría que un 90 % de ellos, me muestran el dedo pulgar. Entonces les digo: "Las personas hacemos lo que vemos y no lo que nos dicen que hagamos". Nuestros hijos son influenciados y moldeados por nuestras acciones, convicciones y valores más que por cualquier otra cosa.

Ellos te observan con los ojos abiertos y el corazón atento y aprenden de ti:

- Cómo piensas.
- Cómo tratas a los demás.
- Cómo es tu vida de oración.
- Cómo hablas de los que sufren.
- Qué haces con tus finanzas.
- Cómo tomas decisiones.
- Cómo respondes al dolor.
- Qué comes, por qué y con qué frecuencia.
- Qué ves en la televisión.
- Cuán absorbido estás con las redes sociales.
- A qué cosas le das prioridad.
- Cómo conduces tu coche.
- Cuándo lees la Biblia
- Cuándo estás feliz... cuándo estás triste.
- Cómo hablas de los menos afortunados.
- Cómo te expresas sobre las personas de otras nacionalidades.
- Cómo concilias los conflictos.
- Dónde colocas el valor de las conversaciones sobre la fe.
- Cómo tratas a tu cónyuge.

Un padre que busca soluciones rápidas simplemente se basa en la frase: "No hagas lo que yo hago, haz lo que yo digo" para justificar su estilo de vida. Este enfoque no solo es débil como argumento, sino que también es hipócrita y aleja a nuestros hijos del camino de la verdad.

Lo que sucede en casa es el catalizador más importante para el desarrollo espiritual de nuestros hijos. Si la fe no hace una diferencia práctica en nuestra cotidianeidad, es probable que nuestros hijos crezcan indiferentes a las cosas espirituales.

Alguien que no seas tú puede enseñar a tus hijos los libros y las historias de la Biblia, pero solo nosotros podemos demostrar día a día, temporada tras temporada, cómo es permitir que la enseñanza de Jesús moldee nuestras decisiones diarias, nuestras relaciones interpersonales y nuestro estilo de vida.

Anhelamos que nuestros hijos puedan llegar a practicar su fe propia de manera genuina y fiel. Y te aseguro que ellos no se dejarán engañar por las apariencias. Ellos ven la realidad en la que vivimos. Y cuando en nuestra imperfección mostramos una fe auténtica, honesta y vivificante, entonces nuestros hijos se sentirán atraídos hacia ella.

Tus hijos no necesitan que seas un gigante espiritual. De hecho, la apariencia de perfección o de una espiritualidad inalcanzable puede intimidar y generar inseguridad. Lo que realmente necesitan es ver en nosotros una fe auténtica y central en nuestra manera de ser, pensar y vivir. Ser un buen modelo para nuestros hijos implica ser cercanos y cariñosos para guiarlos e inspirarlos. Ser lo suficientemente auténticos para dejarnos conocer de verdad. Ser lo suficientemente vulnerables para dejarles ver nuestras vidas.

3. Padres cálidos y cercanos

Un error común es que algunos padres consideren a sus hijos como si fueran sus "discípulos". Sin embargo, los hijos no están llamados a ser discípulos de sus padres; además, la Biblia no presenta la paternidad desde esa perspectiva. El modelo perfecto de paternidad lo encontramos en Dios Padre y su relación con su pueblo, desde el Génesis hasta el Apocalipsis. Tanto Israel como la Iglesia son descritos como hijos de Dios, no como discípulos. Este enfoque nos recuerda que la relación entre padres e hijos debe estar basada en la ternura, la calidez, el amor, la guía y el cuidado, reflejando la paternidad de Dios.

Un padre con una fe ferviente no puede compensar el vacío de ser un padre frío o distante. Puede ser un pilar en la iglesia o un modelo ejemplar de moralidad, y tener una teología impecable, pero si es percibido como frío y distante, es poco probable que sus hijos sigan su ejemplo o abracen sus convicciones religiosas. Un padre que se enfoca únicamente en proveer económicamente, disciplinar y actuar como "el teólogo del hogar" corre el riesgo de desconectarse emocionalmente de sus hijos. La paternidad no se trata solamente de cumplir con responsabilidades externas, sino de cultivar un amor genuino y una cercanía profunda.

La transmisión de la fe es más efectiva cuando existe una relación cálida, amorosa y segura entre padres e hijos.

Una fe viva necesita el calor de una conexión verdadera, no solo una fervorosa devoción a la distancia. La transmisión de la fe es más efectiva cuando existe una relación cálida, amorosa y segura entre padres e hijos. Los hijos tienden a ser más receptivos a las enseñanzas espirituales cuando sienten que sus padres realmente se preocupan por ellos y tienen una relación cercana basada en el respeto y la confianza mutua.

Lo importante es la fe que se expresa por medio del amor (Gálatas 5:6b).

Palabras que afirman y sanan

Se dice que "la forma en que les hablas a tus hijos se convierte en su voz interior". He conocido a muchos adultos cuya vida ha sido definida por palabras duras que escucharon en momentos de ira o frustración, cuando la crítica se convirtió en su eco interno. Su sentido profundo de identidad se formó, en gran parte, por lo que oyeron sobre sí mismos mientras crecían.

A. Maslow dijo: "Se necesitan nueve comentarios afirmativos para compensar cada comentario crítico que hacemos a nuestros hijos".

Como padres, es clave recordar que nuestras palabras tienen un poder inmenso. Es fundamental infundir confianza en nuestros hijos, sorprendernos positivamente cuando hacen las cosas bien y validar sus intereses y preferencias en lugar de criticar lo que no coincide con los nuestros. Al hacerlo, podemos aspirar a que nuestra voz se convierta en un eco de la voz de nuestro Padre celestial. Queremos que la voz interior de nuestros hijos esté moldeada por la afirmación de Dios, no por las acusaciones del enemigo. Cuando hablamos, nuestras palabras deben llevar consigo un rastro de amor y aliento, reflejando la bondad y el amor inquebrantables de nuestro Creador.

"Algunas personas hacen comentarios hirientes, pero las palabras del sabio traen alivio" (Proverbios 12:18).

Afecto tangible

Desde el momento en que nacemos, llevamos dentro una profunda necesidad de afecto. Los expertos en desarrollo infantil llaman a esto "hambre de piel", una necesidad esencial de contacto físico y conexión emocional. Cuando esta necesidad no se satisface de manera adecuada, puede generar desequilibrios emocionales que nos afectan a lo largo de la vida.

Numerosos estudios han demostrado que el afecto no solo nutre el corazón, sino que también moldea el cerebro de un niño. En los bebés, las áreas cerebrales responsables de regular emociones, desarrollar empatía y prestar atención a los demás no se desarrollan de forma automática. Estas capacidades crecen en respuesta a las interacciones afectuosas con sus cuidadores.

A medida que los niños crecen, aquellos que reciben amor físico y muestras de calidez por parte de sus padres tienden a desarrollar una autoestima más fuerte, habilidades de comunicación más efectivas y menos problemas emocionales o de comportamiento. En cambio, la falta de afecto puede derivar en sentimientos de desconexión, hostilidad, agresión, baja autoestima y comportamientos de riesgo.

Sin embargo, algo preocupante es que muchos padres, especialmente a medida que los hijos crecen, comienzan a depender más de las palabras y menos del contacto físico para comunicarse. Esto es particularmente evidente en los papás, quienes, según datos y estereotipos culturales, suelen tener más dificultades para demostrar afecto físico en comparación con las mamás.

Por ejemplo, ¿cuántas veces vemos a un niño que se lastima las rodillas al caerse de su triciclo correr hacia su papá en busca de consuelo? Seguramente preferirá ir con la mamá, no porque el papá no se preocupe, sino porque es más común que la mamá exprese ese consuelo a través del tacto y la cercanía.

Queridos papás: es cierto que las palabras estimulantes son fundamentales, pero no son suficientes. Nuestros hijos también necesitan abrazos, caricias y muestras tangibles de amor, tanto en los momentos felices como en los difíciles. Estas expresiones físicas contribuyen significativamente a su bienestar emocional.

La importancia de ser demostrativos

Es primordial desechar el estereotipo que presenta a los papás como carentes de emoción, torpes o distantes. Los papás no solo podemos, sino debemos, ser amables, tiernos y compasivos. Llorar, sentir y expresar amor no es una debilidad, sino una fortaleza que deja una marca profunda y positiva en los hijos.

Para algunos padres, expresar afecto puede ser un verdadero desafío. Tal vez creciste en un entorno donde el cariño no se manifestaba abiertamente, y sientes que no es parte de tu personalidad o cargas con las heridas de una infancia difícil que te dificulta ser afectuoso. Si te identificas con alguna de estas situaciones, quiero recordarte que no estás solo y que esos desafíos no definen tu capacidad para ser un padre amoroso. Ser un padre intencional implica enfrentar estas barreras con valentía, trabajar en ellas y sanar las propias heridas. Al hacerlo, no solo crearás un entorno más cálido y afectuoso para tus hijos, sino que también les brindarás la seguridad emocional que necesitan para crecer fuertes, equilibrados y con una sólida capacidad de amar.

Es posible que tengas que practicar el afecto poco a poco hasta sentirte más cómodo. Aunque te resulte difícil, debes entender que tus hijos necesitan que seas generoso con los abrazos, las caricias y los besos.

A medida que tus hijos crecen, expresar afecto puede volverse más complicado, y las formas en que demostramos cariño pueden necesitar ajustes, pero la constancia en mostrarlo no debería cambiar. Decide ser más intencional en conectar con ellos; asegúrate de que, aunque sus formas de comunicarse cambien, sigan sintiendo tu amor y apoyo de manera constante.

En medio de nuestras vidas ajetreadas, es fácil olvidar cuánto necesitan nuestros hijos nuestra atención emocional. A veces, podemos apresurarnos a ofrecer soluciones, minimizar sus preocupaciones o incluso proyectar nuestras propias experiencias en su situación. Pero la verdadera paternidad implica algo más profundo:

entrar en su mundo, honrar lo que están viviendo y ayudarlos a entender y procesar sus emociones.

Nuestro trabajo no es simplemente decirles que "lo superen", sino estar a su lado mientras buscan la manera de superarlo. Este acompañamiento genuino es lo que construye vínculos duraderos y significativos.

Abrázalos cuando lo necesiten. Juega con ellos, creando momentos de conexión. Afirma sus esfuerzos y su valía. Valida sus sentimientos, demostrando que sus emociones son importantes. Y, de vez en cuando, permítete consentirlos, brindándoles ese espacio seguro donde puedan sentirse completamente amados y aceptados

Pedir perdón cuando los lastimamos

Todos los padres, en algún momento, podemos decir cosas que hieren a nuestros hijos. A veces, nuestra frustración nos lleva a explotar y a utilizar palabras que causan un dolor profundo. O tal vez nos comunicamos con sarcasmo, manipulación o autocompasión. Lo cierto es que, en ocasiones, nuestras palabras no reflejan el amor y la paciencia que queremos brindarles.

Pero, ¿qué hacemos cuando ya no podemos retirar lo que hemos dicho? Hay varias reacciones que solo empeorarán la situación: defenderse, disculparse superficialmente, restarle importancia a lo sucedido, ignorarlo, tratar de ganarnos su favor con gestos o esperar a que simplemente "se olvide". Ninguna de estas estrategias ayudará a reconstruir una relación rota.

En lugar de eso, el primer paso es pedir perdón. Al contrario de lo que podrías imaginar, esto no te hará perder autoridad. Jesús nos enseña en Mateo 5:23-24 a dejar el orgullo de lado y hacer las paces. Acércate a tu hijo con sinceridad. Pídele un momento para hablar y, con humildad, dile que desearías no haber dicho lo que dijiste. Comparte lo que ocurrió en tu corazón, reconociendo tu error. Ten cuidado de no echarle la culpa a lo que hizo o a la situación, pues lo que dijiste fue una reacción tuya, no algo causado por él.

Asume la responsabilidad de tu mala reacción; fue tu problema, no el suyo. Pídele perdón sinceramente por el dolor que le causaste con tus palabras. Si él está dispuesto, invítalo a compartir lo que sintió, pero no lo presiones. Lo más importante es que este acto de humildad y responsabilidad abrirá la puerta para restaurar la relación y comenzar a sanar la herida que causaste.

Diferencias entre un padre lejano y un padre cercano

Características	Padre lejano	Padre cercano
Forma de autoridad	Infunde temor y usa amenazas para lograr obediencia.	Genera confianza y construye una relación basada en el respeto mutuo.
Comunicación	Da órdenes sin considerar lo que piensan o sienten sus hijos.	Escucha con atención, valora sus opiniones y fomenta el diálogo.
Interés en los hijos	Ignora los deseos e intereses de sus hijos.	Se interesa por lo que les importa y los apoya en sus pasiones e iniciativas.
Dirección y propósito	Manda sin explicar objetivos ni propósitos.	Comparte metas claras y las recuerda constantemente para mantener el enfoque.
Delegación	Prefiere actuar solo y no delega responsabilidades.	Involucra a sus hijos en los planes y metas familiares, fomentando su participación activa.
Corrección y reconocimiento	Se enfoca exclusivamente en señalar los errores, pensando que así habrá mejora.	Reconoce los logros y también señala áreas de mejora con amor y empatía.
Tiempo compartido	Comparte lo mínimo de su tiempo y atención.	Dedica tiempo de calidad para convivir, fortalecer el vínculo y crear recuerdos significativos.
Ejercicio de la autoridad	Se limita a imponer su autoridad con frases como "Aquí mando yo".	Entiende que su autoridad es un llamado divino y lidera con propósito y humildad.
Ambiente en el hogar	Genera un ambiente de tensión y distancia emocional.	Cultiva un ambiente de amor, paz y seguridad, donde sus hijos se sientan aceptados y valorados.

4. Padres conectados a una comunidad de fe vibrante

Construir nuestro ***oikos*** es tejer una red, un ecosistema, un entramado de contención que envuelva a nuestros hijos con cuidado y amor, reflejando nuestras convicciones y valores; esta es una labor esencial y profundamente transformadora. ***Oikos*** es una palabra del griego antiguo que significa "morada", "familia", "hogar" o, simplemente, "casa".

En la Biblia, este término va más allá de lo arquitectónico y representa la vida comunitaria y relacional. El hogar (***oikos***) es el espacio donde la fe se vive y se transmite, donde la hospitalidad y el amor de Cristo se manifiestan; lo podemos interpretar como mi historia con la familia y los amigos, mi entorno de familia extendida. Para la iglesia primitiva, el ***oikos*** era el punto de partida para la misión y el discipulado. En resumen, ***oikos*** es una invitación a reconocer que nuestra casa no es solo un espacio físico, sino un lugar donde Dios puede obrar, transformar y extender su reino.

Hay un proverbio africano que dice: "Para criar un niño hace falta una tribu entera". En la Palabra de Dios vemos la importancia de pertenecer cuando vemos que el pueblo de Israel se concebía a sí mismo como una gran comunidad. Por lo tanto, los hijos de cada familia eran los hijos de la comunidad. Esto encierra una poderosa verdad teológica: los hijos de la comunidad son los hijos de todos.

En Deuteronomio 6, cuando Israel está a punto de entrar en la Tierra Prometida, Moisés no solo llama a todos los padres a cargar con el deber de formar a sus propios hijos, sino a toda la comunidad.

Toda la comunidad abrazó la responsabilidad de educar a la próxima generación para amar a Dios con todo su corazón. El mundo estaba a punto de cambiar para ellos entrando a la Tierra Prometida y Moisés debe haber dicho algo como: "Vamos a necesitar más que solo la familia para influenciar a la próxima generación".

"En el futuro tus hijos te preguntarán: '¿Qué significan estas leyes, estos decretos y estas ordenanzas que el Señor nuestro Dios nos mandó obedecer?'" (Deuteronomio 6:20).

Los amigos, mentores y líderes espirituales dentro del ***oikos*** actúan como influencias positivas que respaldan nuestros valores familiares. Lo que hacen nuestros hijos a medida que van creciendo es triangular entre nosotros y los adultos de nuestro ***oikos***: llega un momento en el que puede que ellos no acepten lo que nosotros les enseñamos, y es allí cuando necesitan ver que los amigos de sus padres pueden ayudarlos a llegar a la misma conclusión. Seguramente, como a la mayoría de los padres, te ha pasado que en algún momento llega alguno de tus hijos sorprendido con algo que acaba de aprender, y cuando te lo cuenta, tú le dices: "Pero hijo, eso yo te lo expliqué decenas de veces; ahora lo aprendiste de alguien más que tiene nuestros mismos valores, creencias y convicciones".

Toda la comunidad abrazó la responsabilidad de educar a la próxima generación para amar a Dios con todo su corazón.

En la teoría del desarrollo cognitivo de Vygotsky, conocida como teoría sociocultural, él sostiene que el desarrollo cognitivo se impulsa principalmente a través de las interacciones sociales con personas más experimentadas. Los niños aprenden colaborando con otros y utilizando herramientas culturales, destacándose el concepto clave de la "Zona de Desarrollo Próximo" (ZDP)[2], donde el aprendizaje es más efectivo cuando se cuenta con orientación y apoyo adecuados.

En esencia, los niños aprenden mejor al interactuar con su entorno y con las personas a su alrededor.

Tres pilares

Necesitamos de otros cristianos maduros, confiables y bien plantados en su fe que funcionen como aliados espirituales y que puedan dar el ejemplo a nuestros hijos acerca de los valores y la fe que nosotros abrazamos.

2 Yasnitsky, A. (2018). Vygotsky: An intellectual biography. Routledge.

En la familia de la iglesia encontramos modelos no perfectos, pero sí saludables, de matrimonios y familias que aman a Jesús, que han peregrinado por mucho tiempo en su fe y que pueden caminar junto a ellos. Tus hijos no tienen por qué crecer solos; pueden contar con una comunidad vibrante de creyentes que los acompañe en su recorrido de crecimiento, ayudándolos a desarrollarse en un entorno de fe y cuidado.

Un fundamento bíblico para esta idea de ***oikos*** la encontramos en la carta de Pablo a Tito, que refleja su profundo anhelo de que el evangelio sea proclamado, preservado y transmitido. En ella encontramos ideas poderosas sobre el discipulado.

Al leer con detenimiento los dos primeros capítulos del libro de Tito, encontramos allí un modelo al que llamo "tres pilares", que son tres elementos clave que considero esenciales del discipulado. Estos son:

1. Hombres y mujeres maduros en la fe, que dan el ejemplo y guían a los más jóvenes con sus acciones.
2. Pastores y ancianos fieles, que lideran con integridad basados en la verdad de la enseñanza bíblica.
3. Hogares edificados sobre los cimientos sólidos de las Escrituras.

Me gusta verlos como tres dones interconectados con los que Dios ha bendecido a su pueblo. Estos pilares están diseñados para apoyar, moldear, guiar y proteger a los creyentes (y a sus hijos) mientras maduran espiritualmente. Cada elemento es esencial, ya que trabajan en conjunto de manera sinérgica en el proceso de discipulado.

El capítulo 2 del libro de Tito presenta las bases bíblicas y teológicas para un enfoque integral del ministerio del cuidado familiar en la iglesia, que es especialmente crucial para las madres solteras y para aquellas familias fragmentadas. La combinación de hombres y mujeres piadosos de la iglesia, ancianos fieles y hogares que funcionan bíblicamente, crea un entorno de apoyo invaluable para los niños. Ellos necesitan modelos saludables de familia, y aunque la iglesia no reemplaza a la familia, sí juega un papel clave como apoyo.

Las madres solteras, aunque enfrentan una gran responsabilidad, no tienen por qué cargar con todo solas. Ellas también pueden encontrar fortaleza en su familia extendida y en la iglesia.

La iglesia como familia adoptiva ayuda a los más jóvenes a navegar por las complejidades de la vida y de la fe, camino a la madurez.

Nuestros hijos encuentran allí espacio y tiempo para explorar el evangelio, mientras son guiados por los adultos para conectarse con toda la familia de la iglesia. Nuestro rol como adultos es ayudarlos a vivir esa fe como participantes y contribuyentes de esa comunidad.

La iglesia cumple un rol fundamental en la sociedad, especialmente porque muchos de los chicos vienen no solo de familias nucleares o tradicionales, sino también de familias monoparentales, familias reorganizadas, familias reconstruidas, uniones casuales, monogamias temporales, uniones de hecho, etc. En este contexto, la familia de la iglesia suple con atención, cuidado y acompañamiento una de las más grandes necesidades de nuestro tiempo.

Se trata de que la iglesia funcione como una familia. Esta metáfora de la iglesia como familia refleja hospitalidad, brazos abiertos dando la bienvenida y aceptación incondicional.

La familia de la fe puede ayudar a superar las deficiencias y carencias que muchos niños, adolescentes y jóvenes sufren en sus propios hogares, particularmente en hogares no tradicionales.

¡Soñemos juntos con iglesias repletas de padres, padres espirituales, padres del corazón y mentores! Y seamos intencionales como padres en conectar a nuestras familias con las dinámicas de la iglesia local de manera constante y recurrente. Esto incluye prácticas como asistir regularmente a los servicios, servir juntos en familia y participar activamente en la vida de la comunidad de fe.

Aliados espirituales

Cuando nuestros hijos se rodean de amigos y adultos de la iglesia que los conocen y los apoyan, esto puede motivarlos a participar por sí mismos, en lugar de hacerlo solo porque nosotros como padres se lo pedimos. Este proceso de internalización, en el que los hijos adoptan una fe propia, puede ser fomentado por los padres al rodearlos de influencias positivas.

A medida que los niños crecen, la influencia de sus compañeros y otros adultos, además de la de sus padres, cobra una mayor importancia. Aunque la influencia parental sigue siendo la más significativa, las relaciones fuera del núcleo familiar también pueden marcar una gran diferencia.

Los sociólogos llaman a esto "canalización" religiosa, que consiste en dirigir a los hijos hacia relaciones y experiencias que refuercen su fe sin reemplazar la influencia de los padres. ***Canalizar*** significa guiar sutilmente a los niños hacia una dirección espiritual positiva, creando oportunidades, facilitando conexiones y fomentando la participación. Este enfoque es estratégico pero no controlador; no se trata de obligar ni de sobornar, sino de abrir puertas y de acompañar.

El objetivo de esta canalización es que, con el tiempo, los niños interioricen su fe y la vean como algo propio, no simplemente como una extensión de las creencias de sus padres. Cuando esto se logra, al llegar a la adultez; los hijos tienden a considerarse creyentes independientes que viven y practican su fe de manera autónoma.

Crecer rodeados de buenos modelos adultos y de compañeros comprometidos con la fe los ayuda a mantenerse firmes en su camino espiritual y a desarrollar un sentido de identidad sólido dentro de su comunidad de fe.

Las investigaciones destacan que uno de los factores más influyentes en este proceso es la presencia de adultos no familiares de dentro de la iglesia, quienes conocen bien a los niños y pueden tener conversaciones significativas con ellos, más allá de lo superficial. Estos adultos, junto con una comunidad acogedora, actúan como una familia extendida, fortaleciendo el sentido de pertenencia y conexión con la iglesia.

Si bien los niños pequeños pueden no notar tanto la influencia de los adultos fuera de su entorno familiar, esta red de apoyo se vuelve crucial durante la adolescencia y la juventud. Crecer rodeados de buenos modelos adultos y de compañeros comprometidos con la fe los ayuda a mantenerse firmes en su camino espiritual y a desarrollar un sentido de identidad sólido dentro de su comunidad de fe.

Capítulo 11:

Rituales y tradiciones familiares

El Señor no solo nos dio la misión de discipular a nuestros hijos, sino que también nos mostró cómo hacerlo. Los últimos versículos del Shemá dicen: ***"Atalas a tus manos como un signo, llévalas en tu frente como una marca y escríbelas en los postes de tu casa y en los portones de tus ciudades. (Deuteronomio 6:8-9 NVI).***

Estos versos destacan la importancia de los símbolos y ceremonias para transmitir la fe, herramientas que Dios usa constantemente en las Escrituras para enseñar, recordar y fortalecer nuestra conexión con él.

El poder de los símbolos

Los símbolos cuentan historias y nos ayudan a comprender verdades profundas de fe. Así como las fotos y recuerdos en tu hogar reflejan la historia de tu familia, también pueden ser herramientas para transmitir valores y fe. Dios diseñó símbolos y ceremonias para recordarnos su fidelidad, como los monumentos de Jacob en Betel (Génesis 28) y de Josué al cruzar el Jordán (Josué 4).

Además, ceremonias como la Pascua y la Fiesta de los Tabernáculos incluían instrucciones para involucrar a los niños, asegurando que cada generación entendiera el amor y provisión de Dios. Estos actos transformaban la historia de Dios en algo tangible, un legado vivo que moldeaba corazones y conectaba las generaciones con su fidelidad.

Dios piensa generacionalmente. A través de estas prácticas estableció un sistema para que padres y comunidades transmitieran la fe a la siguiente generación.

Este principio no es exclusivo del Antiguo Testamento. Jesús, al iniciar su ministerio, usó símbolos y parábolas para comunicar verdades profundas. Participó en ceremonias como el bautismo y utilizó el pan y el vino en la última cena para ilustrar su sacrificio y resurrección. Hoy seguimos practicando el bautismo y la comunión, ordenanzas que conectan a generaciones de creyentes con el corazón de la fe cristiana.

En su sabiduría, Dios sabía que los símbolos y ceremonias no solo refuerzan nuestras creencias, sino que también crean un puente tangible entre generaciones.

"Este enfoque relacional hace que la fe sea tangible y real, ayudando a nuestros hijos a entender que Dios no está distante, sino que camina con nosotros en los momentos ordinarios y extraordinarios de la vida.

Lo que era instintivo en los hogares hebreos debe convertirse en intencional en nuestras familias hoy. El principio del ritmo de vida que Moisés describe es universal y atemporal. Todas las culturas comparten momentos similares: levantarse con el sol, moverse du-

rante el día, compartir las comidas y descansar por la noche. Como padres, debemos cooperar con estos ritmos naturales de la vida. "

Los cuatro ritmos son:

Cuando estes en tu casa	Cuando vayas por el camino	Cuando te acuestes	Cuando te levantes

La formación sucede en la repetición

"Repíteselos a tus hijos una y otra vez. Habla de ellos en tus conversaciones cuando estés en tu casa y cuando vayas por el camino, cuando te acuestes y cuando te levantes" (Deuteronomio 6:7).

No necesitas ser un erudito bíblico, un pastor, un orador o un educador profesional. Tampoco es necesario que tengas todas las respuestas a cada pregunta que tu hijo te haga. Está bien admitir: "No sé la respuesta a eso, pero confío en Dios, y estoy seguro de que él puede guiarnos hacia alguien que nos ayude a aprender más sobre este tema".

Esta humildad no solo moldea la fe y la confianza en Dios, sino que también fomenta un espíritu de aprendizaje que inspira a tus hijos a buscar la verdad con un corazón abierto.

La espiritualidad se cultiva en la constancia, en esos pequeños actos cotidianos que, con el tiempo, moldean el corazón y el

Es en la práctica constante de orar juntos, leer la Palabra, compartir reflexiones, responder a sus preguntas, dudas e inquietudes, y vivir los valores que se enseñan, donde la fe se graba de una manera profunda y duradera.

carácter de nuestros hijos. Es en la práctica constante de orar juntos, leer la Palabra, compartir reflexiones, responder a sus preguntas, dudas e inquietudes, y vivir los valores que se enseñan, donde la fe se graba de una manera profunda y duradera.

La primera parte del versículo 7 (RVR1960) dice: "***Y las repetirás a tus hijos***", de forma imperativa. En la versión NBLA usa la expresión "enseñarles diligentemente", que se traduce literalmente como "afilar" o "enseñar incisivamente". Esto sugiere un proceso intencional y constante, similar al de afilar una herramienta, donde cada repetición deja una marca profunda y duradera en la mente y el corazón de tus hijos. Es un acto de amor paciente que moldea sus vidas y arraiga la verdad en su interior.

Santificar lo ordinario

Más que en grandes eventos o lecciones formales, la fe se transmite en el día a día: en las conversaciones casuales, los hábitos familiares, los momentos compartidos y las decisiones que reflejan nuestros valores espirituales.

No necesitamos escenarios extraordinarios, sino reconocer que Dios está presente en cada aspecto de nuestra vida cotidiana. Transforma cada interacción familiar en una oportunidad para discipular, convirtiendo momentos diarios —como una conversación durante el desayuno o una reflexión antes de dormir— en un espacio sagrado.

No son los grandes eventos los que dejan la huella más profunda, sino esos pequeños momentos constantes, llenos de intención, los que tienen el poder de formar corazones que aman y buscan a Dios.

La segunda parte del versículo 7 nos dice: ***"...y hablarás de ellas estando en tu casa, y andando por el camino, y al acostarte, y cuando te levantes".***

La fe se transmite en el contexto de las relaciones. No es solo algo que enseñamos con palabras, sino algo que se transmite y comparte a través de la cercanía y la conexión diaria. En nuestras conversaciones necesitamos traer a Dios a nuestra vida cotidiana, mostrando a nuestros hijos que él no es solo una idea o un ritual, sino una presencia viva y activa en cada aspecto de nuestra existencia.

Este enfoque relacional hace que la fe sea tangible y real, ayudando a nuestros hijos a entender que Dios no está distante, sino que camina con nosotros en los momentos ordinarios y extraordinarios de la vida.

Lo que era instintivo en los hogares hebreos debe volverse intencional en nuestras familias hoy. El principio del ritmo de vida que Moisés describe es universal y atemporal. Todas las culturas comparten momentos similares: levantarse con el sol, moverse durante el día, compartir las comidas y descansar por la noche. Como padres, debemos cooperar con estos ritmos naturales de la vida.

- **"Cuando estés en tu casa..."**

En medio del ritmo acelerado de la vida, las comidas son una oportunidad valiosa para reconectar como familia. Sea en el desayuno o en la cena, aprovecha ese tiempo para dar gracias a Dios, escuchar cómo les fue a todos y compartir enseñanzas sencillas de fe. Estos momentos, aunque breves, pueden tener un impacto duradero en el corazón de nuestros hijos.

- **"Cuando vayas por el camino..."**

Los trayectos en auto ofrecen oportunidades únicas para cultivar la fe en un ambiente relajado. Puedes hacer preguntas simples como: "¿Dónde crees que vimos a Dios hoy?" o "¿Qué podríamos agradecerle esta semana?". Compartir momentos de oración antes de llegar al destino o escuchar juntos música que inspire la fe también puede transformar el viaje en una experiencia espiritual.

- **"Cuando te acuestes..."**

La hora de dormir es un momento precioso para fortalecer el vínculo con tus hijos. Crea una rutina sencilla pero significativa: comparte una oración, lee un versículo, canten juntos o hablen sobre los momentos destacados del día. A medida que crecen, ajusta estas prácticas, pero nunca subestimes el impacto de terminar el día con palabras de amor, bendiciones y conexión.

- **"Cuando te levantes..."**

Aunque las mañanas sean apresuradas, pueden convertirse en momentos significativos de ánimo y conexión espiritual. Ora con ellos antes de salir, bendícelos con palabras que refuercen su identidad con Dios y despídelos con un recordatorio de su propósito. Es una manera sencilla de comenzar el día con paz y esperanza.

En el ir y venir cotidiano, ya sea en la prisa de las actividades diarias o en la calma de una caminata, cada paso puede convertirse en una oportunidad para descubrir lo divino en lo sencillo. Que las conversaciones sobre la fe fluyan naturalmente y las verdades de

Dios resuenen en cada rincón de nuestra vida. Al caminar juntos, el trayecto no se trata solo de llegar a un destino, sino de compartir ideas, fortalecer vínculos y reflexionar sobre lo que realmente importa.

Comenzar y terminar el día en lo sagrado

Los rituales al inicio y al final del día son como abrazos que envuelven a tus hijos en serenidad y propósito. Dentro de cada uno de nuestros hijos hay un "tanque emocional" que necesita ser llenado con amor. Antes de que salgan de casa, asegúrate de que ese tanque esté lleno: ora por ellos, bendícelos con un abrazo y un beso, y envíalos al día con palabras que les den esperanza, aliento y confianza para enfrentar cualquier reto.

Dentro de cada uno de nuestros hijos hay un "tanque emocional" que necesita ser llenado con amor.

Por la noche, una bendición antes de dormir es un regalo invaluable. No importa cómo haya sido el día —si hubo dificultades, conflictos, trabajo duro o celebraciones—; cerrar el día con amor incondicional reconcilia cualquier herida y calma sus corazones.

Bendecir a tus hijos antes de dormir, darles un beso, un abrazo y recordarles que los amas, les ofrece una última impresión del día en un momento que se vuelve sagrado.

Oración y altar familiar
Servicio en familia
Celebrar temporadas e hitos alcanzados
Jugar
Cocinar juntos
Devocionales
Compartir la comunión en casa
Lectura de la biblia
Aprendizaje de las tradiciones cristianas
Bendición de los alimentos
Ver películas
Escuchar música
Hospitalidad
Celebrar fiestas familiares
Vacaciones

Es importante recodar que los rituales familiares efectivos no necesitan ser complicados ni costosos. La verdadera clave está en la consistencia y el compromiso genuino. Algo tan sencillo como un paseo semanal por el parque puede convertirse en una tradición valiosa si se realiza con propósito y se disfruta en familia.

Estos rituales brindan una oportunidad para que las familias expresen sus valores, construyan una narrativa común y fortalezcan los lazos entre sus miembros. Al ser intencionales, incluso los momentos más simples pueden transformarse en recuerdos significativos y en pilares que sostengan la unidad familiar.

Al priorizar estas actividades significativas, las familias pueden cultivar un entorno en el que cada miembro se sienta valorado y conectado. El sentido de pertenencia que surge va más allá de la alegría inmediata de las experiencias compartidas, contribuyendo a una estructura familiar resiliente, capaz de soportar las presiones y demandas de la vida moderna.

Tradiciones familiares

Más que en grandes eventos o lecciones formales, la fe se transmite en el día a día: en las conversaciones casuales, los hábitos familiares, los momentos compartidos y las decisiones que reflejan nuestros valores religiosos. La vida cotidiana se convierte así en un terreno fértil para la formación espiritual.

Comprender el papel de los ritmos, las rutinas y las tradiciones en la vida familiar es crucial para fomentar un sentido de unidad y pertenencia dentro del hogar. Los ritmos familiares, que incluyen las rutinas diarias y las tradiciones familiares actúan como anclas que proporcionan estructura y previsibilidad en medio del caos de la vida moderna. Crean espacios donde los miembros de la familia pueden conectarse, recargarse y reforzar su identidad y valores.

Uno de los beneficios fundamentales de establecer ritmos y tradiciones familiares es que ayudan a integrar valores y recuerdos significativos en la vida cotidiana. Por ejemplo, una noche de juegos en familia o una cena dominical van más allá del simple entretenimiento o la comida. Estas actividades se convierten en un tiempo sagrado, apartado del ajetreo del trabajo, la escuela y otros compromisos, para priorizar el vínculo familiar. Ayudan a los miembros de la familia a sentirse arraigados y seguros, sabiendo que, sin importar lo que suceda, ese tiempo juntos es una constante.

Capítulo 12:

Regresemos a las mesas

La mesa tiene un lugar central en la vida cotidiana familiar, no como un espacio para simular perfección, sino como un terreno fértil para la conexión auténtica. Con frecuencia, llevamos a la mesa expectativas irreales: lograr una comida perfecta, crear una experiencia de unión ideal o tener un devocional familiar inolvidable.

"Tus hijos serán como vigorosos retoños de olivo alrededor de tu mesa" (Salmos 128:3b).

Es clave ajustar nuestras expectativas cuando nos reunimos alrededor de la mesa. En lugar de buscar la construcción artificial de un momento compartido perfecto, enfoquémonos en cultivar un ambiente genuino y enriquecedor para todos. Un espacio que ofrezca la oportunidad en la cual cada miembro de la familia se sienta visto y escuchado con atención y empatía, conocido en profundidad y sin reservas, y aceptado tal como es, en un ambiente de pertenencia y gracia.

Nuestros hijos necesitan sentir que forman parte de algo más grande que ellos mismos, que sus contribuciones a la familia son valoradas y esenciales. Este sentido de pertenencia se cultiva a través de expresiones constantes de amor, respeto y compromiso, que sirven como base para una estructura familiar sólida y resiliente.

Hace algunos años, junto con Carina y nuestros hijos, Sergio y Alan, construimos una mesa rústica de cedro para el patio de casa. Desde entonces, hemos compartido allí incontables desayunos, comidas familiares y cenas con amigos. Esa mesa ha sido testigo de conversaciones profundas, noches de lágrimas, risas cómplices y muchas otras memorias que quedarán grabadas para siempre en nuestro legado familiar. La construimos precisamente con ese propósito: crear momentos sagrados y recordarnos a nosotros mismos que este espacio de comunión y encuentro es al que necesitamos recurrir constantemente, entretejiendo nuestra historia juntos.

Nuestros hijos necesitan sentir que forman parte de algo más grande que ellos mismos, que sus contribuciones a la familia son valoradas y esenciales.

Es bien sabido que las tradiciones y costumbres tienen un significado simbólico profundamente importante en la vida de las personas. Generan el deseo de repetirlas una y otra vez, porque nos llevan a un lugar compartido, a un espacio de conexión donde construimos memorias que se incrustan en nuestro presente y permanecen con nosotros para siempre.

Durante siglos, compartir comidas en familia y con amigos ha sido una de las principales tradiciones tanto familiares como sociales en las culturas más diversas. Sin embargo, la riqueza de esta práctica formativa y ancestral se ha diluido en los últimos tiempos.

La vida cada vez más ocupada, la necesidad de trabajar más horas y pasar menos tiempo en casa, sumado al aumento en el uso de la tecnología, han hecho que en muchas familias cada uno siga su propio ritmo, convirtiendo el simple acto de sentarse juntos a la mesa en un desafío.

Aun así, diversos estudios recientes han confirmado lo que intuitivamente ya sabíamos desde hace mucho tiempo: comer con otros nos mantiene más saludables, más felices y mejor conectados. El individualismo y la prisa del mundo actual nos están arrebatando algo sagrado: el profundo significado de sentarnos a la mesa con nuestros seres queridos.

¡Es fundamental que nos motivemos a retomar esta costumbre de comer juntos! ¿Por qué es tan importante? Porque representa una oportunidad para practicar nuestra fe, compartir información, enseñar e instruir. Nos permite integrar la oración, las tradiciones, las Escrituras y los rituales en las rutinas diarias de una familia ocupada y común.

Como en todo lo importante, compartir las comidas requiere intención y disciplina. Por ello, te animo a organizar tus horarios, en la medida de lo posible, para disfrutar de al menos una comida juntos al día, o de tantas como sean posibles durante la semana. Este ritual infunde identidad y significado en nuestra vida familiar.

Una comida compartida es mucho más que un simple acto; es el corazón de la vida familiar. La mesa ofrece un sentido de pertenencia y se convierte en un espacio de diálogo y encuentro. Es donde nuestros hijos aprenden el arte de la conversación y desarrollan hábitos sociales esenciales, como compartir, escuchar, respetar turnos al hablar, expresar ideas con claridad, manejar diferencias y discutir con respeto. Además, su vocabulario se enriquece al aprender nuevas palabras y conceptos de los demás miembros de la familia.

La mesa familiar es una escuela. No solo aprendemos el arte de la conversación, sino también a pensar y hablar el lenguaje de nuestra familia. Es un espacio donde el desarrollo y el crecimiento espiritual pueden ocupar un lugar predominante.

Compartir las comidas nos brinda un entorno seguro para fortalecer la conexión. Cuando los niños tienen la oportunidad de pasar tiempo regularmente con sus padres o adultos significativos, se sienten amados, seguros y protegidos. Además, la mesa se convierte en un lugar ideal para transmitir valores y tradiciones familiares.

En la mesa familiar, aprendemos a apreciar la compañía de los demás. Es importante recordar que el tiempo de la comida no debe usarse para disciplinar o abordar temas difíciles; esos asuntos pueden tratarse en otro momento. Durante las comidas, enfoquémonos en mantener conversaciones positivas y constructivas, compartiendo temas de fe y animando a los niños a hablar sobre su día. Estas prácticas fortalecerán la comunicación y el vínculo entre los miembros de la familia.

Practicar la hospitalidad

Compartir la mesa crea un espacio donde la vida conversacional de la comunidad puede florecer. Sentarse a comer juntos "ablanda la tierra del corazón", generando un lugar de reconciliación y acercamiento, donde la gracia, el perdón, la sanidad y la restauración encuentran expresión.

La comida se asocia con gratitud, generosidad, hospitalidad, unión, empatía, compasión y celebración. En pocas palabras, compartir una comida fortalece los lazos de unidad entre las personas. Es una forma tangible de compartir nuestras vidas.

Tomarse el tiempo para calentar el pan, compartir un plato y pasar un par de horas juntos nos aleja, poco a poco, de un enfoque centrado en nosotros mismos, permitiéndonos involucrar a Dios y a nuestro prójimo. La mesa es un lugar donde hablamos de nuestras diferencias, compartimos los altibajos de la vida, construimos confianza y creamos un espacio para los demás. Y entonces, lentamente, nos convertimos en el pueblo único de Dios.

Las Escrituras nos ofrecen numerosos ejemplos de comidas que marcaron momentos fundamentales de cambio en la vida de quienes las compartieron con Jesús.

Muchos esperaban que Jesús viniera con poder para derrotar a sus enemigos y reivindicar a su pueblo. En cambio, él vino a compartir comidas. No es de extrañar que sus detractores lo llamaran comilón y borracho. Sin embargo, las Escrituras nos ofrecen numerosos ejemplos de comidas que marcaron momentos fundamentales de cambio en la vida de quienes las compartieron con Jesús. De hecho, algunas de las historias más significativas de la Biblia ocurrieron en el contexto de una comida. Se creaba un ambiente de relación y conexión como ningún otro. Y nadie lo sabía mejor que Jesús mismo.

En el corazón del cristianismo hay, además, un acto central que involucra el comer juntos: la Cena del Señor, mencionada en los cuatro Evangelios y descrita por Pablo en su primera carta a los Corintios. Es uno de los pocos rituales del Nuevo Testamento que se nos ordena practicar. La iglesia primitiva entendió que la cena que Jesús bendijo aquella noche, y que instituyó como la manera en que debían recordarlo, representaba una comida común y cotidiana que compartimos juntos. Al compartir la mesa, un evento ordinario adquiere un profundo significado teológico.

La vida es la superposición de nuestra existencia individual y nuestra experiencia colectiva. Quizás, al recuperar la práctica ancestral de comer juntos, nuestras familias y comunidades puedan florecer, creando nuevos espacios de vida conversacional.

Una escuela de amor

La mesa nos reúne para afrontar juntos los desafíos de la vida, compartir experiencias, debatir ideas y opiniones con respeto y animarnos mutuamente, creando un refugio que nos alienta. Es el espacio donde se entretejen momentos de conexión y crecimiento.

Es también el lugar donde planificar y preparar juntos una comida transforma la cocina en un laboratorio de creatividad y unión, y donde compartir valores familiares da forma a conversaciones que fortalecen los vínculos entre nosotros. Aquí iniciamos diálogos significativos, interesándonos genuinamente por la vida de quienes amamos, mientras elevamos oraciones y reflexionamos sobre las Escrituras, infundiendo espiritualidad en cada encuentro. Es un ámbito para hacer preguntas, escuchar con atención y fomentar un aprendizaje mutuo, al tiempo que mostramos hospitalidad, abriendo nuestras puertas y corazones a quienes se sientan a nuestra mesa.

En este espacio practicamos el respeto y los buenos modales, cultivando la cortesía en cada gesto. Servimos con generosidad para reforzar el sentido de comunidad y encontramos un lugar para resolver conflictos de manera constructiva, fortaleciendo lazos de reconciliación y entendimiento.

Lejos de ser un escenario de perfección, la mesa es un espacio vivo, un reflejo tangible de la gracia que nos invita a estar presentes, construir comunidad y fortalecer los lazos que nos unen como familia.

Es fundamental que nuestras conversaciones y acciones sean coherentes, mostrando integridad y cultivando una curiosidad sincera por entender y conocer a los demás. Esto nos permite establecer vínculos más profundos. Ser francos y transparentes en la comunicación promueve un diálogo honesto y abierto. Fomentar conversaciones auténticas y evitar los monólogos o conferencias ayuda a generar una conexión real con la familia, valorando los aportes y perspectivas de cada miembro. Y recuerda, si tus hijos están involucrados y participando activamente en la conversación, ya has logrado un avance significativo en fortalecer esos lazos.

Los tiempos compartidos en la mesa son una fuente de bendiciones y recompensas valiosas, donde se cultivan el amor incondicional y la unidad familiar. En este espacio sagrado se fomenta el respeto mutuo y se profundiza la comprensión entre sus miembros, creando un ambiente de conciencia y atención hacia las necesidades de cada uno. Es un lugar donde la sabiduría se transmite de generación en generación, y donde la reconciliación y el perdón se hacen posibles, fortaleciendo los lazos que nos unen.

Aquí florece la empatía sincera, se reafirma el sentido de pertenencia y se experimentan la alegría y la diversión, haciendo de la mesa un verdadero reflejo del amor de Dios en la familia.

Beneficios

Varios estudios[3] revelan que los adolescentes que comparten comidas familiares al menos cinco veces a la semana:

· Tienen menos riesgo de caer en adicciones.
· Muestran menor propensión a la depresión.
· Obtienen mejores calificaciones en un 40 % de los casos.
· Además, investigaciones indican que cada comida adicional en familia contribuye a que los adolescentes:
· Disfruten de una mayor autoestima y satisfacción en su vida.
· Mantengan una conducta más positiva, confiable y servicial, así como una mejor relación con sus padres.
· Desarrollen un vocabulario más amplio y un rendimiento académico superior.
· Sean más resistentes al estrés.
· Experimenten menores tasas de embarazos no deseados y ausentismo escolar.

Estos beneficios se dan porque compartir las comidas con los padres teje fuertes lazos afectivos y mejora la comunicación, elementos esenciales para prevenir conflictos y reducir la violencia intrafamiliar. Al mismo tiempo, crea un profundo sentido de aceptación, evitando que los hijos busquen aprobación en lugares equivocados. ¡La familia que come unida permanece unida!

3 "Exploring the Role of Family Functioning in the Association Between Frequency of Family Dinners and Dietary Intake Among Adolescents and Young Adults." JAMA Network Open, 1(7), e185217. https://doi.org/10.1001/jamanetworkopen.2018.5217
"Why the Family Meal Is Important." Stanford Children's Health. https://www.stanfordchildrens.org/en/topic/default?id=why-the-family-meal-is-important-1-701
"Eating Together at Family Meals: Benefits and Tips." Parents. https://www.parents.com/recipes/tips/unexpected-benefits-of-eating-together-as-a-family-according-to-science/
"Eating together as a family helps children feel better, physically and mentally." ScienceDaily. https://www.sciencedaily.com/releases/2017/12/171214092322.htm

Disparadores de conversación

Crear un entorno donde la comunicación abierta sea valorada y promovida puede transformar la dinámica familiar. Establecer horarios regulares para reuniones familiares, en los que todos tengan la oportunidad de expresar sus pensamientos, preocupaciones y apreciaciones, facilita este proceso. Estas reuniones aseguran que cada miembro se sienta incluido en las decisiones familiares y reconocido en sus puntos de vista.

A continuación, algunas preguntas que pueden ayudar a generar conversaciones significativas en distintos ámbitos:

Diálogo cotidiano y emocional

- **Preguntas abiertas:** "¿Cómo te fue hoy?", "¿Qué te hizo sentir feliz o triste hoy?"
- **Curiosidades sobre el día:** "¿Qué fue lo más interesante que pasó en tu día?", "¿Qué te hizo sonreír hoy?"
- **Sentimientos y emociones:** "¿Cómo te sientes con respecto a...?", "¿Qué te ha estado preocupando últimamente?"

Reflexión sobre experiencias y aprendizajes

- **Recuerdos y experiencias pasadas:** "¿Te acuerdas de cuando...?", "¿Qué aprendimos de aquella vez que...?"
- **Valores y creencias:** "¿Qué piensas sobre...?", "¿Cómo manejarías una situación difícil?"
- **Reconocer logros:** "¿Qué hiciste hoy de lo que te sientes orgulloso?", "¿Cuál fue tu momento más satisfactorio de la semana?"

Planes y metas

- **Planes futuros:** "¿Qué te gustaría hacer este fin de semana?", "¿Qué metas tienes para este mes?"

• **Intereses comunes:** "¿Qué opinas de la película que vimos?", "¿Has leído algo interesante últimamente?"

Fe y espiritualidad

• "¿Cómo ves a Dios trabajando en tu vida?"

• "¿Hay algo en la Biblia que te haya hablado últimamente?"

• "¿Puedes compartir alguna ocasión en la que te sentiste desafiado a vivir tu fe en una situación de la vida real?"

• "¿Cómo crees que tu fe puede ayudarte a afrontar los desafíos que estás enfrentando?"

• **Reflexión sobre la gratitud:** "¿Qué te hizo sentir agradecido hoy?"

• "¿Cómo podemos trabajar juntos como familia para servir a los demás y generar un impacto positivo en nuestra comunidad?"

Amistad y compañerismo

• "¿Quién es tu mejor amigo en la escuela y qué disfrutan hacer juntos?"

• "¿Te has encontrado en una situación en la que tuviste que ser un buen amigo para alguien? ¿Puedes compartir esa experiencia?"

• "¿Qué cualidades crees que caracterizan a un gran amigo?"

• "¿Has tenido un desacuerdo con algún amigo recientemente? ¿Cómo lo manejaste?"

Escuchar activamente es clave en estas conversaciones. Puedes profundizar en sus respuestas con preguntas como: "¿Qué significa eso para ti?" o "¿Qué te gustaría que sucediera a continuación?".

Promover un diálogo auténtico y genuino, evitando los monólogos o las conversaciones unilaterales, fortalecerá la conexión entre los miembros de la familia y ayudará a construir relaciones más profundas y significativas.

Capítulo 13:

La familia y la sociedad

Una puerta a la comunidad

Tendría unos ocho años; aún lo recuerdo vívidamente. Junto a mi hermana y nuestros compañeros de travesuras del vecindario, esperábamos ansiosos los regalos que llegarían durante la medianoche de Navidad. Pero lo más especial de ese día era lo siguiente: todo el barrio cortaba la calle, colocando autos cruzados en las esquinas para que la calzada, usualmente transitada, se transformara en un gran comedor. Cada familia sacaba una mesa y sillas, que se alineaban en el medio de la calle, una junto a la otra, formando una mesa de más de cincuenta metros de largo que reunía a todos los vecinos de la cuadra. Los pobres y los ricos. Los que tenían hijos y los abuelos solos. Niños, jóvenes y adultos, todos nos sentábamos alrededor de esa mesa, compartiendo la cena de Navidad como una sola familia.

Sucede algo muy especial y de vital importancia al comer juntos. Tal vez por eso fue una parte fundamental de la experiencia de la iglesia primitiva:

"Todos los días se reunían en el templo y en los hogares, compartían los alimentos con regocijo y sencillez de corazón" (Hechos 2:46 NBV).

Resolución de conflictos

Los conflictos son naturales en cualquier familia, pero abordarlos de manera constructiva fortalece la relación.

Primero, es importante identificar los problemas reales, no solo los síntomas. Por ejemplo, en lugar de pelear por el desorden, es más útil hablar sobre las responsabilidades y el respeto por el espacio. Además, enfrentar el conflicto con la intención de encontrar una solución, no de ganar, mantiene el respeto mutuo. Usar límites claros, hablar desde nuestros sentimientos sin culpar y buscar acuerdos convierte los conflictos en oportunidades para crecer juntos.

Los conflictos son naturales en cualquier familia, pero abordarlos de manera constructiva fortalece la relación.

Crear un ambiente de comunicación abierta puede transformar la dinámica familiar. Establecer reuniones familiares regulares, donde todos tengan la oportunidad de compartir sus pensamientos, preocupaciones y desafíos, fomenta este tipo de comunicación. Así, todos se sienten incluidos en las decisiones y valorados por su punto de vista.

La comunicación efectiva es fundamental para una familia unida. Al cultivar estas habilidades, las familias pueden enfrentar los desafíos con mayor resiliencia, asegurando que cada miembro se sienta valorado y comprendido. Nuestros hijos necesitan un espacio seguro para hacer preguntas y expresar sus preocupaciones. Mejorar la comunicación fortalece los lazos familiares, convirtiéndolos en una fuente constante de apoyo en medio de las complejidades de la vida moderna.

Algunas ideas para escuchar mejor

1. Compromete toda tu atención, como si cada palabra que te dicen fuera un tesoro.
2. Permite que completen sus pensamientos sin interrupciones.
3. Toma una postura amable y no de juicio.
4. Escucha para aprender a conocer el corazón de tus hijos.
5. Tómate un momento para pensar antes de responder.
6. Ofrece apoyo, no soluciones: a veces, lo que más necesitan es ser escuchados.

Una de las estrategias fundamentales para mantener la salud familiar es la comunicación consistente y abierta. Esto implica reservar tiempo regularmente para las reuniones familiares. Así podremos abordar los problemas con prontitud y celebrar juntos los éxitos, fomentando un entorno de apoyo y comprensión mutuos.

Activar los oídos

Nuestros hijos necesitan un refugio donde puedan desplegar sus dudas y desahogarse de sus inquietudes. En el universo del diálogo familiar, escuchar se convierte en el lenguaje más puro del amor. Dijo David Augsburger: "Ser escuchado está tan cerca de ser amado que, para la persona promedio, casi no se distinguen".

Las conversaciones más efectivas entre padres e hijos sobre la fe son aquellas que se centran en los hijos, no en los padres. Esto significa que son los hijos quienes hacen las preguntas y tienen un espacio para expresarse, mientras que los padres se ocupan de escuchar más que de hablar. De esta manera, las preguntas sobre la fe se convierten en una reflexión personal de los hijos con respecto a sus vidas. Cuando los padres dominan la conversación, imponen exigencias sin dar explicaciones o limitan el diálogo a temas que ellos controlan, la transmisión de la fe no solo se vuelve ineficaz, sino que puede ser contraproducente.

La comunicación juega un papel fundamental en la conexión profunda dentro de la familia. Adoptar y practicar técnicas de comunicación efectivas puede transformar el hogar en un lugar más enriquecedor y comprensivo para todos.

Una de las técnicas fundamentales de la comunicación efectiva es la escucha activa. Esta implica prestar total atención a nuestros hijos, comprender su mensaje y responder de manera reflexiva. Cuando los miembros de la familia se sienten escuchados y comprendidos, se fortalece la confianza y el respeto en el hogar.

Adoptar y practicar técnicas de comunicación efectivas puede transformar el hogar en un lugar más enriquecedor y comprensivo para todos.

Gestos simples, como hacer contacto visual, asentir y ofrecer afirmaciones verbales como "entiendo" o "eso tiene sentido", refuerzan el valor de sus palabras. No solo hacen que quien habla se sienta apreciado, sino que también cultivan una cultura de respeto mutuo en la familia.

Empatía

La empatía implica ponerse en el lugar de nuestros hijos y ver las situaciones desde su punto de vista. La comunicación empática nos ayuda a comprender las emociones y motivaciones detrás de sus palabras y acciones.

Por ejemplo, cuando un hijo expresa frustración por la escuela, una respuesta empática por parte de los padres, que reconozca y valide sus sentimientos, puede marcar una diferencia significativa. La empatía crea un ambiente donde los miembros de la familia se sienten apoyados y amados, incluso en los momentos difíciles.

Afirmación

La afirmación desempeña un papel clave en la construcción de relaciones familiares más sólidas. Implica reconocer y expresar aprecio por los esfuerzos, cualidades y contribuciones de los demás. Afirmar regularmente a los miembros de la familia no solo fortalece su autoestima, sino que también refuerza el comportamiento positivo.

Por ejemplo, agradecer a un hermano por su ayuda con las tareas o elogiar a un cónyuge por una comida bien preparada puede parecer un gesto simple, pero es fundamental para fomentar una cultura familiar de apoyo y amor.

Ichi-go ichi-e

Es un término japonés que se suele utilizar en la ceremonia del té, llamado ***ichi-go ichi-e***, que describe un concepto cultural basado en atesorar la naturaleza irrepetible de cada momento. Nos invita a valorar profundamente cualquier encuentro del que participemos, recordándonos que cada momento en la vida es único y no puede repetirse. Cada instante en la vida es único y efímero, como una flor que florece solo una vez. Imagina una cena especial con familia y amigos queridos. Aunque puedas repetir la receta exacta y reunir a las mismas personas, el ambiente, la conversación y las emociones de esa noche serán diferentes. Cada risa, cada mirada y cada palabra compartida son tesoros únicos que no se pueden replicar.

Este concepto nos llama a estar presentes y vivir con plena conciencia y gratitud. Es apreciar la singularidad del momento en cada encuentro familiar, en cada experiencia compartida con nuestros hijos, en cada celebración. La vida está compuesta por esos instantes efímeros que, aunque parezcan cotidianos, son en realidad joyas irrepetibles.

Atesora cada momento, porque es único y no volverá a repetirse.

En la ceremonia del té, los japoneses recuerdan que cada taza de té compartida es una oportunidad para conectar profundamente con los demás y con nosotros mismos. Es un recordatorio de que la belleza de la vida reside en su transitoriedad y en la capacidad de encontrar significado en lo ordinario.

Atesora cada momento, porque es único y no volverá a repetirse. Vive con la certeza de que cada instante es una oportunidad para crear recuerdos imborrables y conectar de manera auténtica con quienes te rodean.

De las redes sociales a la vida real

Por otro lado, las redes sociales nos han vendido una versión "de lujo" de lo que significa tener una familia feliz, como si la vida familiar fuera un catálogo de escapadas exóticas a lugares paradisíacos, cenas perfectas y fotos editadas con filtros embellecedores. Es fácil caer en esa trampa y pensar que, si tu familia no está viajando frecuentemente o probando los últimos restaurantes de moda, algo le falta. Pero la realidad es mucho más sencilla —y también mucho más profunda— porque la felicidad en familia se construye en los vínculos que forjamos día a día, en esas pequeñas rutinas que no salen en Instagram pero que sostienen el alma de la familia.

El verdadero amor familiar no se mide en likes, sino en los gestos que crean sentido de pertenencia y cuidado.

El verdadero amor familiar no se mide en ***likes***, sino en los gestos que crean sentido de pertenencia y cuidado. Está presente cada mañana al levantarnos juntos, en las risas compartidas mientras se prepara el desayuno, en los abrazos que nos reconfortan tras un día difícil y en las conversaciones que nos recuerdan que somos importantes los unos para los otros. Porque la vida familiar no consiste en hacer cosas extraordinarias todo el tiempo, sino en tejer con intención esos momentos sencillos que refuerzan la confianza, el respeto y el amor entre padres e hijos.

Los psicólogos explican que la satisfacción en la vida familiar a largo plazo tiene mucho que ver con la intimidad emocional: esa capacidad de mostrarnos tal como somos, con nuestras fortalezas y fragilidades, y ser aceptados incondicionalmente. ¿Has visto esos días en los que estamos todos en pijama, sin prisa, disfrutando simplemente de estar juntos? Esos momentos, aunque no parezcan dignos de una publicación en redes, son el corazón de una familia unida.

Pequeños grandes momentos

Es en las rutinas cotidianas donde los padres muestran valores y enseñan a sus hijos cómo amar y ser amados. Las tareas aparentemente insignificantes, como organizar la casa juntos, hacer las compras o planear la cena, son oportunidades para cultivar el trabajo en equipo, el respeto mutuo y la alegría de compartir las responsabilidades.

Estos pequeños momentos crean la base de unas relaciones familiares profundas y duraderas. Porque no se trata solo de "hacer", sino de "estar": estar presentes emocionalmente, escuchar con atención y mostrar gratitud por los pequeños actos de amor diarios.

Por supuesto, los viajes y las cenas especiales tienen su lugar; son hermosas formas de celebrar la vida juntos. Pero no son el pilar de la felicidad familiar. La verdadera prueba de una familia sana es si pueden disfrutar del día a día, de los silencios cómplices, de los abrazos sin razón y de los domingos sin plan.

La felicidad en familia no depende de los lugares que visitamos ni de las fotos que compartimos, sino de cómo nos sentimos los unos con los otros en cualquier espacio que compartamos. Al final, una familia fuerte se construye con esos pequeños detalles: el beso de buenas noches, el "¿cómo estuvo tu día?" o el simple acto de sentarse juntos en silencio.

Las redes sociales muestran momentos perfectos, pero no muestran los días en los que los padres hacen sacrificios silenciosos por sus hijos, las noches de conversaciones sinceras o los actos de paciencia que sostienen los lazos familiares. Y eso es lo que realmente importa.

Valorar esos momentos sencillos y cotidianos es aprender a construir una familia que no solo aparece unida en las fotos de las redes sociales, sino que realmente lo está en el corazón.

Gran parte de nuestra vida se define por momentos: momentos maravillosos, momentos de dolor, momentos de logro, momentos de arrepentimiento. Los padres intencionales son conscientes del poder de estos momentos y se anticipan para crear experiencias que marquen a sus hijos.

Los padres intencionales son conscientes del poder de estos momentos y se anticipan para crear experiencias que marquen a sus hijos.

Capítulo 14:

La cultura del hogar

Gracia y amor incondicional

Nuestros hijos son un regalo que sale del corazón de Dios, y nosotros, como padres, somos dispensadores imperfectos de su gracia para ellos. Nuestro rol no es impresionar a nuestros hijos con nuestra capacidad de ser padres, sino impresionarlos con el amor y la gracia de Dios.

En el centro de la gracia está el amor, un amor que se deleita en nosotros a pesar de nuestro pecado y que nos es dado gratuitamente. La Biblia usa el amor como sinónimo y atributo de Dios, porque el amor emana directamente de su corazón.

Todos nacemos con la necesidad de amar y de ser amados, de vivir vidas con significado y de creer que vale la pena luchar por un mañana. Estos son los temas de grandes novelas y películas, la inspiración de las mejores canciones jamás escritas. Un amor incondicional que nos dé seguridad, el vivir nuestra vida con un propósito, y tener la fortaleza que surge de la esperanza. Amor, propósito y esperanza. Son los tres ingredientes esenciales de una vida plena en el Dios que creó esas necesidades.

El vehículo más eficaz que Dios diseñó para transferir estos valores al corazón humano es un hogar basado en la gracia y el amor incondicional.

Nuestros hijos absorben naturalmente el ambiente que los rodea, y la atmósfera de nuestro hogar juega un papel vital en la formación de sus corazones y mentes. **¿Es nuestro hogar un lugar donde el amor incondicional se respira y expresa?**

Criar a nuestros hijos no se trata solo de corregir comportamientos, sino de construir relaciones genuinas. Porque las reglas sin relación conducen a la rebelión.

Nuestro rol no es impresionar a nuestros hijos con nuestra capacidad de ser padres, sino impresionarlos con el amor y la gracia de Dios.

Con demasiada frecuencia, me descubro enfocado en lograr cierto nivel de obediencia y respeto por parte de mis hijos. Y debo admitir que, a veces, mi deseo de obtener una obediencia inmediata es más egocéntrico de lo que quiero reconocer. Queremos que nuestros hijos nos hagan quedar bien, que demuestren al mundo que somos buenos padres y, sobre todo, que validen nuestra autoridad.

Nos da miedo dejarlos cometer errores. En muchas ocasiones, actuamos más como sargentos de instrucción en un ejército imaginario que como padres amorosos.

Reflexionemos juntos: ¿no recibimos a diario el amor incondicional de nuestro Padre celestial? ¿No lo desafiamos, desobedecemos y mostramos ingratitud hacia él todos los días? Y, aun así, ¿qué hace él? Nos recibe con los brazos abiertos, con los brazos de Aquel que dio su vida por nosotros en la cruz para rescatarnos.

Él perdona y olvida. Sus misericordias son nuevas cada mañana.

Una imagen a la que recurro habitualmente es ***El regreso del hijo pródigo*** de Rembrandt, inspirada en la parábola de Jesús en Lucas 15:11-32. Esta pintura no solo captura la profundidad del amor, el arrepentimiento y la reconciliación, sino que también ilumina mi propia experiencia como padre.

A menudo me veo reflejado en el hijo pródigo (más veces de las que quisiera admitir). En los momentos en que pierdo la paciencia con mis hijos, me dejo dominar por el temor sobre su futuro o simplemente me desconecto del estar presente, me doy cuenta de que he salido del calor de los brazos de mi Padre celestial. Sin embargo, aun en mi extravío, escucho su voz suave pero firme, llamándome a regresar. En sus brazos encuentro una restauración que me sostiene y una seguridad que me ancla.

Otras veces, descubro en mí al hermano mayor, aferrándome a reglas, expectativas y comportamientos, olvidando lo más importante: comprender y ganarme el corazón de mis hijos. Esta es una trampa en la que solemos caer fácilmente.

Y entonces, miro al padre de la parábola. Ese es el modelo que quiero seguir, el que constantemente me inspira. Ser el padre que no tiene en cuenta las ofensas ni guarda resentimientos, sino que extiende los brazos con infinita gracia, listo para abrazar, restaurar y celebrar. Este es el amor al que estamos llamados: un amor que no solo educa, sino que transforma, un amor que refleja al Padre que nunca deja de buscarnos, sin importar cuántas veces nos alejemos.

Dios nos da una gracia inmensa, rebosante y sin fin, pero a menudo nos conformamos con ofrecer a nuestros hijos pequeñas dosis a cuenta gotas de esa misericordia, mezcladas con reglas, regaños y frases como "ya te lo dije". Es importante recordar que nuestra autoridad debe ejercerse con humildad. Cristo es nuestro ejemplo supremo: su humildad le costó la vida.

A menudo asociamos autoridad con poder y fuerza, pero como dijo C.S. Lewis: "La autoridad ejercida con humildad y la obediencia aceptada con deleite son las líneas mismas por las que vive nuestro espíritu".

Debemos renunciar a nuestra necesidad de tener siempre la razón y abrazar el camino de la humildad en beneficio de nuestros hijos. Aunque pueda sonar extraño, eso es precisamente lo que nuestro Padre ha hecho por nosotros. Él podría habernos reprimido con su poder, aprovechándose de nuestras debilidades, pero, en cambio, se hizo humano y murió para que pudiéramos tener vida.

¿Esto significa que no tenemos reglas ni límites? Al contrario. A los que el Señor ama, los disciplina (Hebreos 12:6). Nuestro trabajo principal es "disciplinar" a nuestros hijos, pero esa palabra significa "enseñar". A menudo saltamos directamente al castigo, lo cual solo debería aplicarse en casos extremos de desafío directo. Al igual que Dios nos ha dado reglas que, si las seguimos, nos llevarán a la felicidad y la unidad, nosotros también debemos establecer normas para nuestros hijos. Sus estándares son altos, como deberían ser los nuestros. Pero la respuesta final no está simplemente en seguir las reglas. Dios no se conformó con que nuestra conducta se ajustara a dichas reglas; él hizo todo lo posible para llegar a nuestros corazones, y su gracia y misericordia nunca se agotarán.

Debemos renunciar a nuestra necesidad de tener siempre la razón y abrazar el camino de la humildad en beneficio de nuestros hijos.

Es posible que pienses que estoy ofreciendo una solución sencilla al enigma de la crianza con un simple: "Muestra más gracia a tus hijos". No es así. La solución siempre es Cristo. Siempre fallaré en otorgar suficiente gracia. Siempre, incluso en mis mejores intentos, fallaré en amarlos incondicionalmente. La verdadera respuesta para todos nosotros es el perdón y la misericordia del único Padre perfecto, cuyo amor y ternura no tienen límites y cuya gracia no conoce fronteras.

Practicar el amor incondicional en la crianza tiene un impacto profundo en el bienestar emocional, la autoestima y el desarrollo general de nuestros hijos. Les brinda una base segura desde la cual poder explorar el mundo, establecer relaciones saludables y crecer como personas seguras de sí mismas. Este tipo de amor crea un entorno lleno de apoyo, comprensión y paciencia, en el que ellos pueden ser auténticos y vulnerables sin miedo al juicio o al rechazo.

Gracia y verdad en la crianza de los hijos

Como padres, navegamos la crianza guiados por la luz de la gracia y la verdad, construyendo nuestro hogar sobre los cimientos firmes del evangelio. En este viaje compartido, enseñamos a nuestros hijos que, a pesar de nuestras imperfecciones, el perdón de Dios se nos ofrece a través del sacrificio de Jesús en la cruz. Este acto de amor eterno abre las puertas a una nueva vida, donde el Espíritu Santo nos fortalece para superar las sombras egoístas y andar en justicia. Así, cada día se convierte en un verso de redención y crecimiento, donde el amor y la fe esculpen un camino de esperanza y transformación.

La crianza verdadera es una danza de gracia y verdad, una mezcla sencilla en su esencia, pero desafiante en su aplicación. En este delicado equilibrio, la gracia nutre y la verdad guía, creando un espacio seguro donde los niños pueden crecer y florecer.

Gracia: un padre, presente en cuerpo y alma, ofrece un amor que se despliega en la relación, un amor que le dice al niño: "Te veo, te comprendo, te valoro". Es un amor que habla sin palabras, un amor que escucha, que abraza. El niño, al sentirse escuchado, siente que es amado, que su existencia tiene valor. Como dirían algunos en el mundo terapéutico, el niño "se siente sentido", y cuando eso ocurre, se siente profundamente amado.

Verdad: la verdad, por su parte, es el faro que ilumina el camino. El padre, con sabiduría y paciencia, enseña al niño quién es Dios, quién es él mismo y cómo vivir de acuerdo con los principios del Creador. Estas verdades, profundas y fundamentales, dan dirección al joven corazón, orientando sus pasos hacia una vida alineada con la realidad y el propósito divino. La verdad, cuando es compartida con amor, se convierte en el fundamento sobre el cual los niños pueden construir una vida plena.

Cuando los niños crecen en un ambiente tejido con amor, confianza y verdad, tienen un terreno fértil donde pueden prosperar, desarrollando su ser en toda su belleza y potencial.

En este delicado equilibrio, la gracia nutre y la verdad guía, creando un espacio seguro donde los niños pueden crecer y florecer.

Por otro lado, la mala crianza tiene dos caras: ausencia y mentiras. La ausencia se manifiesta cuando el padre está ausente, ya sea física o emocionalmente. Esto puede suceder debido a circunstancias como el divorcio, el aislamiento generado por el excesivo trabajo o la desconexión emocional. Cuando la ausencia se hace presente, el niño queda huérfano de amor y dirección.

Y luego están las mentiras. Si el padre está físicamente presente pero no comparte la verdad, el niño está condenado a vivir en un mundo de falsedad. Estas mentiras distorsionan las tres preguntas más profundas de la vida:

- Sobre Dios: "Dios está decepcionado de ti" o "Dios no se preocupa por cómo vives. Haz lo que quieras".
- Sobre el niño: "No vales nada" o "Nunca serás suficiente".
- Sobre la vida: "Haz lo que sea necesario para salir adelante, incluso si eso significa mentir o hacerles daño a otros".

Las heridas causadas por estas mentiras son profundas, ancladas en el alma del niño, y su cicatrización es posible, pero el dolor es real y a menudo devastador. Un niño que crece rodeado de ausencia y mentiras no solo pierde el rumbo, sino que también pierde parte de sí mismo.

Es por esto que la crianza, en su forma más genuina, es increíblemente importante. La familia, en el diseño perfecto de Dios, es el núcleo donde se forjan las vidas y se construye el carácter. Es, a la vez, el lugar donde el amor debe florecer y, paradójicamente, es el blanco de los mayores ataques en nuestra cultura actual.

Lo esencial es que es por la gracia y la verdad que somos transformados a la imagen de Jesús. Pero también es cierto lo contrario: es por el aislamiento y las mentiras que somos deformados a la imagen del enemigo.

Por eso, criar a nuestros hijos con gracia y verdad no solo les permite prosperar, sino que también los protege de los oscuros efectos del engaño y la desconexión. Los padres que cuidan con amor genuino y enseñan con sabiduría están construyendo un refugio seguro donde sus hijos pueden descubrir su verdadero ser, alineado con el propósito divino.

La virtud de la paciencia

Cuando controlamos nuestras emociones y no respondemos a las provocaciones ocasionales de nuestros hijos, les estamos enseñando cómo tener dominio propio.

Ser padres ciertamente requiere mucha paciencia, especialmente en momentos en los que nuestros hijos no se comportan como esperamos o no nos prestan atención. Es fácil sentir frustración o incluso perder los estribos, pero podemos elegir un camino diferente. Al igual que Dios es paciente con nosotros, podemos optar por ser pacientes con nuestros hijos.

En esos momentos de tensión, respirar profundo y pedir sabiduría a Dios puede hacer una gran diferencia. Al responder a nuestros hijos con calma y amor no solo les enseñamos cómo manejar sus emociones, sino que les mostramos el poder de la paciencia y de la gracia. Este enfoque no solo fortalece nuestra relación con ellos, sino que también refleja el amor incondicional de Dios, quien nos guía con paciencia y comprensión cada día.

Cómo responder ante los errores de nuestros hijos

Nuestros hijos crecen en un mundo cada vez más complejo y desafiante, lleno de expectativas y reglas que, en muchos casos, resultan difíciles de cumplir. Es natural que, en algún momento, se equivoquen, que desobedezcan o incluso crucen límites importantes. ¿Cómo deberíamos responder como padres en esos momentos?

Actúa con compasión

Cuando tus hijos enfrentan una etapa difícil, ya sea por circunstancias fuera de su control o por decisiones propias, lo que más necesitan de ti es una presencia estable y llena de compasión. No importa la magnitud de la situación; debajo de su frustración o enojo, tu hijo no está intentando herirte.

Aunque no siempre lo demuestren, en el fondo están sufriendo y necesitan saber que tú estás ahí para ellos. Tu apoyo les brinda un ancla en medio de la tormenta. Así como Jesús camina con nosotros en nuestras pruebas, estamos llamados a ser un reflejo de su gracia y amor inagotable, mostrando paciencia y ternura incluso en los momentos más difíciles.

Mantén la calma

Enfrentaremos desafíos que pueden parecer abrumadores, pero pocos de ellos son realmente irreparables. Sin importar cuán difícil sea la situación, ceder ante la angustia o reaccionar con insensibilidad e impulsividad, especialmente frente a tus hijos, solo alimentará su temor y aumentará su vergüenza.

En esos momentos, podemos aferrarnos a las palabras de Pablo:

"No se preocupen por nada; en cambio, oren por todo. Díganle a Dios lo que necesitan y denle gracias por todo lo que él ha hecho. Así experimentarán la paz de Dios, que supera todo lo que podemos entender. La paz de Dios cuidará su corazón y su mente mientras vivan en Cristo Jesús" (Filipenses 4:6-7).

Recuerda que, cuando confiamos nuestras preocupaciones a Dios, él nos regala su paz, una calma que nos permite actuar con sabiduría y amor, incluso en las situaciones más difíciles.

Abraza una visión a largo plazo

Criar a nuestros hijos es un viaje lleno de altibajos; es como correr una maratón que requiere paciencia, perseverancia y fe. Pero en medio de todo, podemos descansar en una verdad profunda: la misericordia de Dios siempre prevalece.

La misericordia de Dios siempre prevalece.

Aunque haya momentos en los que no veamos los frutos que anhelamos, o cuando las circunstancias nos parezcan inamovibles, podemos confiar en que Cristo está obrando, trayendo sanidad y redención incluso en los momentos más difíciles.

Un oasis en el desierto

Abraza el desafío de edificar el lugar más seguro sobre la tierra.

"Les dejo un regalo: paz en la mente y en el corazón. Y la paz que yo doy es un regalo que el mundo no puede dar. Así que no se angustien ni tengan miedo" (Juan 14:27).

Abordar nuestro rol como padres con un espíritu de gracia, confianza y descanso es lo más saludable. Cuando, por el contrario, lo hacemos desde el miedo y el esfuerzo constantes, eso terminará conduciéndonos al control y a la ansiedad, que nos dejará a nosotros agotados y a nuestros hijos cargados con expectativas inalcanzables.

Para ello, debemos dejar de lado el perfeccionismo y enfocarnos en crear una atmósfera segura, donde incluso los errores sean recibidos con gracia.

"Bienaventurados los pacificadores, porque ellos serán llamados hijos de Dios" (Mateo 5:9, RVR1960).

Sabemos que, como padres, ser pacificadores no siempre es fácil. Mientras criamos a nuestros hijos, nos enfrentamos a todo lo que no podemos controlar: desde los berrinches en el supermercado hasta las rabietas en el auto, las noches de insomnio con un bebé que está cortando los dientes, los lloriqueos de un niño porque la taza no es de su color favorito o las peleas entre hermanos. Es precisamente en estas situaciones que reconocemos cuán desesperadamente necesitamos la obra del Espíritu Santo en nosotros. Solo a través de su poder podemos experimentar la paz real, esa que nos permite ser pacificadores cuando todo a nuestro alrededor parece caótico.

"Bienaventurados los pacificadores, porque ellos serán llamados hijos de Dios"

Ser pacificadores no solo ayuda a nuestros hijos a aprender a "desescalar" los conflictos, reconciliarse y restaurar relaciones; también les da la pauta de cómo llevar esta paz a su propia vida. Pero para hacerlo, primero debemos cultivar la paz en nuestro propio corazón, confiando en el poder del Espíritu Santo y encontrando refugio en la paz de Jesús.

Podemos asumir que algunas personas nacen con una disposición naturalmente pacífica, como si la calma fuera un don reservado solo para unos pocos. Sin embargo, la vida cotidiana, especialmente en los momentos de mayor desafío, revela los verdaderos límites de nuestra paciencia. Es en esos momentos cuando nos damos cuenta de que, aunque podamos tener una inclinación hacia la tranquilidad, la paz auténtica no proviene de nuestra personalidad o de nuestras fuerzas, sino de una fuente mucho más profunda y duradera.

En la sagrada danza de la vida, entre los remolinos del caos y las suaves melodías de los momentos cotidianos, anhelamos un refugio, un respiro en medio de las tormentas que a veces agitan nuestra alma. Que nuestros hogares sean ese espacio al que nuestros hijos y nosotros anhelemos regresar una y otra vez.

¿Por qué la paz es tan importante?

Porque nuestros hijos enfrentan un combate constante todos los días. Batallas dolorosas con el acoso, la presión social, el ***bullying***, la conformidad, y luchas internas como la imagen corporal. Saber que pueden regresar a casa a un lugar seguro y lleno de paz les da la fuerza para soportar las presiones, comparaciones, desprecios y tentaciones que enfrentan afuera.

¿Cómo se define un hogar en paz?

Es un lugar donde:

- Hay disciplina, pero no gritos.
- Hay límites, pero no reglas sofocantes.
- Los padres son acogedores con los amigos de sus hijos.
- Los padres son generosos en palabras de ánimo y muestras de afecto.
- El matrimonio es saludable y se convierte en un ejemplo de amor y respeto.
- No existen las comparaciones entre hermanos
- Los hijos pueden ser ellos mismos sin necesidad de fingir ni temer el juicio.
- Cuando entendemos y vivimos la paz que Dios nos ofrece, nuestro hogar puede convertirse en ese refugio seguro que nuestros hijos necesitan para enfrentar el mundo.

Un lugar de descanso

Imaginemos al Dios Todopoderoso, cuya voz dio forma al universo, inclinándose con ternura para escuchar los susurros más íntimos de nuestro corazón en los días difíciles. Su amor no es lejano ni impersonal; es el pulso constante que sostiene cada latido, la melodía que acompaña cada suspiro nuestro. Como un pastor que cuida con esmero a sus ovejas, él se acerca a nosotros, invitándonos a confiar, a soltar nuestras cargas de miedo y ansiedad, y a entregárselas a él (1 Pedro 5:7).

Jesús nos invita a aceptar nuestra debilidad y a depender de su fortaleza, y abandonar expectativas poco realistas y esa necesidad de control y perfeccionismo.

En ocasiones pensamos que leer más la Biblia, orar más, servir más es lo que necesitamos. Pero esta expectativa puede llevarnos a creer que debemos esforzarnos más para ser mejores cristianos y, en consecuencia, ser mejores padres. Sin embargo, permanecer en Cristo y en su amor por nosotros no se trata de hacer más. No es que la Biblia, la oración y la iglesia no sean importantes; lo son. Pero "esforzarse más" no es la respuesta, especialmente en las épocas más intensas con nuestros hijos.

El ya fallecido pastor Tim Keller dijo una vez que sus disciplinas espirituales diarias solo se volvieron posibles después de que sus hijos crecieron. Esta honestidad nos recuerda que hay diferentes etapas en la vida, y la crianza de nuestros hijos cuando son pequeños es una de las más demandantes.

Jesús nos invita a aceptar nuestra debilidad y a depender de su fortaleza, y abandonar expectativas poco realistas y esa necesidad de control y perfeccionismo. En su lugar, nos invita a abrazar la gracia, la paz y el propósito que solo Jesús puede darnos cuando confiamos en él y en su fidelidad para con nosotros aun en los días más caóticos. En medio de las épocas más intensas y en los momentos de confusión, él es el faro que nos guía a través de la tempestad, el ancla que estabiliza nuestras almas.

Capítulo 15:

El matrimonio como cimiento

Matrimonio saludable

Nuestra relación con Dios y con nuestro cónyuge afecta a nuestros hijos más de lo que nos imaginamos.

Hace un tiempo, un joven me comentó que había dejado de asistir a la iglesia, y cuando le pregunte por qué, me respondió: "Es que asistíamos en familia y durante el tiempo de adoración, mi papá levantaba sus manos y se mostraba emocionado, pero cuando llegábamos a la intimidad de nuestro hogar, con esas mismas manos con las que adoraba en la iglesia, golpeaba a mi mamá delante de nosotros cuando nadie más lo veía".

Nada erosiona más la fe y la confianza de nuestros hijos que cuando nos ven actuando con hipocresía, teniendo dos caras, una que mostramos en público y otra en privado.

La mejor herencia que podemos dejarle a nuestros hijos no es una abultada cuenta de banco, propiedades, acciones en grandes empresas, aunque si tienes la oportunidad de hacerlo, todo eso estaría muy bien. La mejor herencia que podemos dejarles es la memoria de dos padres imperfectos que se amaban, se respetaban y cuidaban mutuamente.

La familia es la piedra angular de la sociedad, y dentro de ella, la relación matrimonial ocupa un lugar central. Como padres cristianos, tenemos el privilegio y la responsabilidad de convertir nuestro matrimonio en una herramienta poderosa y un ejemplo vivo para la crianza de nuestros hijos. Al nutrir una relación sólida, amorosa y centrada en Dios, creamos un entorno estable y seguro donde nuestros hijos no solo puedan crecer, sino también prosperar. Nuestro amor mutuo se convierte en el reflejo tangible del amor de Cristo, enseñándoles valores, construyendo su confianza y siendo ejemplo de cómo se ve una relación fundamentada en la fe y la gracia.

Cómo crear un entorno seguro y protegido

Un matrimonio fuerte es la clave para cultivar un entorno donde los hijos puedan crecer y prosperar. Proverbios 24:3-4 nos recuerda:

"Una casa se edifica con sabiduría y se fortalece por medio del buen juicio. Mediante el conocimiento se llenan sus cuartos de toda clase de riquezas y objetos valiosos.".

Este pasaje refleja la importancia de construir nuestra familia sobre una base sólida de amor, respeto y fe. Mantener una comunicación abierta y honesta entre los cónyuges sirve para que aprendan a manejar las diferencias de manera saludable. Resolver los conflictos con paciencia y gracia enseña a nuestros hijos a abordar los desafíos con sabiduría. Al priorizar nuestro matrimonio, mostramos a nuestros hijos que la unidad familiar es fuerte y resiliente, dándoles la confianza para enfrentar la vida con seguridad.

El matrimonio, aunque lleno de amor y compañerismo, no está exento de conflictos. Sin embargo, la manera en que los enfrentamos y resolvemos puede convertirse en una poderosa lección para nuestros hijos.

Cuando practicamos el perdón, incluso en los momentos difíciles, mostramos a nuestros hijos el poder de la gracia en acción. Buscar la reconciliación activa, en lugar de permitir que el resentimiento eche raíces, les enseña el valor de sanar las relaciones. Resolver los conflictos con respeto, paciencia y amor da el ejemplo de una forma piadosa de manejar las diferencias, una habilidad que ellos llevarán consigo a lo largo de sus vidas.

Simples gestos de afecto y calidez mejoran el estado de ánimo de tu cónyuge y la atmósfera en tu hogar. Abrazarse, besarse y tomarse de la mano, ayuda a crear vínculos emocionales entre los miembros de la familia. Cuando los niños ven a sus padres expresarse amor y afecto, se crea una sensación de seguridad y estabilidad en la familia. Investigaciones han demostrado que los niños que crecen en hogares afectuosos tienen más probabilidades de tener una mayor autoestima y mejores resultados en materia de salud mental.

No hay nada que produzca mayor sentido de seguridad en nuestros hijos que ver que nos tratamos amorosamente y que la pasamos muy bien juntos.

De hecho, es muy importante que seamos cálidos y generosos en las demostraciones de afecto con nuestros cónyuges, y que nuestros hijos lo puedan ver. Bueno, no todo, por supuesto; hay situaciones que necesitan que nos aseguremos de que la puerta de nuestra habitación tenga dos vueltas de llave.

El contacto físico tiene numerosos beneficios para la salud, como la reducción del estrés y la ansiedad, la mejora de la función inmunológica y el aumento de los sentimientos de felicidad y bienestar. Cuando los padres se demuestran cariño delante de sus hijos, no solo están fomentando su propia salud física y emocional, sino también la de sus hijos.

Un matrimonio saludable no significa ausencia de problemas ni perfección, sino una relación que navega a través de los conflictos, las luchas y el dolor con respeto mutuo y una disposición a priorizar al otro. La sumisión mutua es, en esencia, una carrera hacia el final de la fila, una actitud de "tú primero" que genera un ambiente de generosidad y altruismo.

Este clima de entrega mutua no solo fortalece la relación en el presente, brindando seguridad a nuestros hijos, sino que también deja una huella para el futuro. Les ofrece un modelo de amor y respeto que podrán llevar a sus propios matrimonios y familias algún día.

Priorizar a los hijos por encima del matrimonio no solo pone en riesgo la relación matrimonial, sino que también les priva de lo que más necesitan. La mayor fuente de seguridad para los hijos es un matrimonio centrado en Cristo y que honra a Dios.

Cuántos jóvenes luchan hoy con la idea de casarse y formar una familia porque el modelo que tuvieron en casa no fue saludable y, por lo tanto, no desean repetir en su adultez el dolor que sufrieron al crecer en un hogar donde había violencia doméstica, maltrato y constantes agresiones.

> ***No hay nada que produzca mayor sentido de seguridad en nuestros hijos que ver que nos tratamos amorosamente y que la pasamos muy bien juntos.***

A muchos chicos les cuesta relacionarse con la imagen de un Dios que es un Padre amoroso cuando tuvieron padres que mostraban la imagen opuesta.

Nuestro matrimonio, la relación con nuestro cónyuge, se convierte en parte de la historia que contarán nuestros hijos. El ecosistema emocional en el hogar afecta su bienestar actual y futuro. Es por esto que, cuando se trata de la crianza de los hijos, nuestro matrimonio importa. Importa mucho.

Hagamos del matrimonio un reflejo de gracia y compromiso. Hagámoslo bien, no solo por nosotros, sino por el legado que construiremos en las vidas de nuestros hijos. Regalémosles una historia digna de ser contada, una que inspire a amar y a construir relaciones basadas en el respeto y la entrega mutua.

Capítulo 16:

La familia como contracultura

Valores que transforman generaciones

Los valores familiares del cristianismo siguen siendo subversivos para la cultura que nos rodea. La crisis que afecta a las familias modernas debido a las presiones sociales y culturales enfatiza la necesidad de una redefinición fundamental de los valores familiares.

Dios diseñó la familia como el núcleo y el entorno ideales para la vida, y para promover el florecimiento de la sociedad. Compuesta por lazos de matrimonio, sangre o adopción, la familia es el medio por el cual la humanidad se multiplica y ejerce dominio sobre la tierra. Es el lugar primordial donde cada persona debe ser nutrida, protegida y formada.

En su propósito, Dios desea que quienes portan su imagen experimenten cuidado, instrucción, amor y protección dentro de un entorno familiar. Por eso, incluso, llama a su pueblo a acoger a quienes carecen de familia —viudas, huérfanos, extranjeros y marginados— y a brindarles el mismo cuidado y pertenencia que ofrece una verdadera familia.

Dios, en su sabiduría, nos dio instrucciones claras para su funcionamiento. Estableció roles específicos para padres e hijos, con estructuras de autoridad y límites pensados para nuestro bienestar.

A los padres se nos llama a amar, cuidar, guiar, instruir y disciplinar a nuestros hijos con sabiduría y compasión, evitando la dureza. A los hijos se los exhorta a someterse con alegría a la autoridad de sus padres y a honrarlos en todo.

La integridad de la estructura familiar era tan crucial para el pueblo de Israel que Dios incluyó mandatos sobre su funcionamiento en los principios fundamentales de su Ley, subrayando su importancia para el florecimiento de su pueblo.

Ofrecer una mejor alternativa

Como lo expresó Pablo, no es nuestra tarea juzgar a quienes están fuera de la comunidad de la iglesia. No se trata de exigir que quienes no comparten la fe cristiana vivan como si lo hicieran.

Nuestro propósito siempre debe ser guiar a los demás hacia la sanidad y restauración en Dios, dejando de lado cualquier intento de imponer reglas o legislar comportamientos.

En lugar de señalar los errores de la cultura o de intentar controlarla, nuestro enfoque debe ser cultivar una contracultura que refleje los valores del reino de Dios. Esto significa ofrecer un camino alternativo que inspire, edifique y proporcione un contraste atractivo frente a las corrientes del mundo.

Vivimos en una época que el sociólogo Philip Rieff describe como "anticultura", un período en el que fuerzas culturales poderosas buscan desmantelar el orden heredado y sembrar el caos. Estas fuerzas trabajan para deshacer formas de vida que han sido probadas a lo largo de milenios, transmitidas de generación en generación, y que han permitido a la humanidad prosperar en congruencia con la realidad. La familia, como centro de todas ellas, está siendo desafiada y, en muchos casos, desechada en cuestión de décadas, sin un análisis honesto sobre los resultados y consecuencias de este cambio.

Es importante recordar que los valores familiares que hoy llamamos "tradicionales" fueron, en su momento, radicales cuando Jesús los introdujo. Con el tiempo, estos valores se adoptaron como norma porque estaban basados en una visión profundamente sabia y sofisticada de la naturaleza humana. Y lo más importante: funcionan. Cuando vivimos según la visión de Jesús, experimentamos plenitud y prosperamos.

Cuando vivimos según la visión de Jesús, experimentamos plenitud y prosperamos.

Herramientas del enemigo

El enemigo es conocido como el padre de la mentira y el engaño, y su objetivo final es alejar a la humanidad de Dios y de su plan para nosotros. Una de las formas en que busca lograr esto es atacando a las familias, utilizando varias tácticas incluyendo:

Inmoralidad sexual

John Mark Comer aborda un ejemplo delicado en el libro ***Practica el camino. Vive como Jesús,*** que no podemos pasar por alto porque es la cuestión moral más importante de nuestra generación: la sexualidad humana. Y lo aborda desde una visión pastoral y no como una cuestión política con la intención de legislar.

La revolución de la liberación sexual de los años sesenta desencadenó un efecto dominó que ha transformado radicalmente la visión de la moralidad sexual: la reversión del consenso moral de larga data en torno a la promiscuidad (que separaba el sexo del matrimonio) funcionó en tándem con el advenimiento del control de la natalidad y la legalización del aborto (que separaba el sexo de la procreación), que a su vez dio paso a la legalización del divorcio sin consecuencias (que convirtió un pacto en un contrato y separó el sexo de la intimidad y la fidelidad); luego, las aplicaciones de citas (que separaron el sexo del romance y lo convirtió en una forma de "satisfacer tus necesidades").

De allí pasó a la revolución LGBTQI+ (que separó el sexo del binario hombre-mujer), la actual ola transgénero (que es un intento de separar el género del sexo biológico) y el naciente movimiento del poliamor (un intento de ir más allá de las relaciones entre dos personas). Todos estos movimientos han intentado redefinir aún más las nociones de género, sexualidad y relaciones humanas.

Cada uno de estos pasos plantea preguntas fundamentales que rara vez se abordan:

- ¿Estas transformaciones nos están haciendo mejores personas?
- ¿Nos están ayudando a ser más amorosos?
- ¿Nos están llevando a una mayor felicidad?
- ¿Estamos prosperando de maneras que no lo hacíamos antes de esta "liberación"?

Estas preguntas parecen ausentes en el discurso actual. En lugar de reflexionar y analizar los datos, damos por sentadas estas revoluciones culturales como inevitables o intrínsecamente positivas, sin considerar las posibles consecuencias a largo plazo.

Desconexión

Los cambios sociales y culturales han alterado fundamentalmente el tejido de la vida familiar. Los rápidos avances tecnológicos, aunque beneficiosos en muchos aspectos, también han introducido nuevas formas de distracción y de desconexión. La omnipresencia de los dispositivos digitales ha erosionado la calidad de las interacciones cara a cara, lo que dificulta que los miembros de la familia entablen conversaciones significativas y construyan relaciones sólidas. El ajetreo y el bullicio de la vida moderna exacerban aún más este problema, con calendarios demasiado programados y obligaciones de trabajo que dejan poco espacio para el vínculo familiar y el ocio.

Individualismo y materialismo

La influencia de la cultura del consumismo ha inculcado un sentido de individualismo y materialismo que a menudo contrasta con los valores que tradicionalmente han sustentado estructuras familiares sólidas. La búsqueda del éxito y la realización personal suele tener prioridad sobre el bienestar familiar colectivo, generando un caldo de cultivo para el aislamiento y el resentimiento dentro del hogar. Como resultado, muchas familias se encuentran fragmentadas, con cada miembro persiguiendo sus propios objetivos y prestando poca atención a la unidad familiar en su conjunto.

Es necesario redefinir, redescubrir, reclamar y priorizar los valores familiares. Debemos transitar desde las normas predominantes del logro individual y la gratificación consumista hacia un enfoque basado en la unión, el apoyo mutuo y el propósito compartido.

En conclusión, la crisis familiar moderna nos presenta un desafío complejo y multifacético que requiere un enfoque integral y proactivo. Al comprender los factores sociales y culturales en juego, y al redefinir deliberadamente los valores familiares para enfatizar la unidad, el apoyo y el propósito compartido, las familias podemos comenzar a superar estos desafíos y construir relaciones más sólidas y significativas.

Nuestro logro más importante

He notado un fenómeno interesante al viajar y hablar con diferentes personas. En general, los hombres tienden a definirse por lo que hacen, mientras que las mujeres se enfocan más en sus vínculos relacionales. Cuando hablo con un hombre, me suele preguntar sobre mi trabajo; cuando hablo con una mujer, me pregunta sobre mi familia.

Aunque esto parece sutil, tiene un gran significado. Creo que las mujeres están en lo cierto: los hombres deberíamos replantearnos cómo nos definimos. Más allá de nuestra relación con Dios a través de Jesucristo, nuestra identidad terrenal debería centrarse más en nuestro rol como guías de nuestras familias que en nuestra ocupación laboral.

El cambio significativo está en pasar de pensar: "Soy abogado, y eso define cómo se forma mi familia" a: "Mi esposa y yo tenemos un pacto diseñado para criar, formar y lanzar una generación de hijos piadosos, y eso guiará todas mis decisiones".

No se trata de descuidar el trabajo, sino de no descuidar el hogar, algo que rara vez se menciona. Este cambio de perspectiva es radical, pero creo que es necesario.

Debemos identificarnos principalmente con nuestras esposas y no con nuestras carreras, ya que nuestras carreras existen para servir a nuestras familias *(1 Timoteo 5:8)*, y no al revés.

Estoy convencido de que necesitamos desafiar algunas de estas normas sociales modernas, priorizando la familia sobre el éxito profesional, material y el individualismo, y alentar a nuestras familias a recuperar valores basados en el amor, el servicio y la colaboración.

¿Por qué no nos basta con ser simplemente buenos padres? Es una pregunta que me hago con frecuencia. Existe una enorme presión, tanto social como interna, que nos dice que si "solo" nos dedicamos al bienestar de nuestra familia, estamos fallando. No estamos haciendo lo suficiente. No estamos soñando en grande.

Pero, ¿qué pasa si no quiero esos "grandes sueños" que tanto se promueven? Para mí, concentrar mi energía en construir un equipo familiar parece ir en contra de lo que dicta la cultura y, a veces, incluso ciertos enfoques dentro del cristianismo. ¿Por qué reducimos siempre la identidad y la vocación a lo que hacemos profesionalmente? Escuchamos frases como: "Persigue tus sueños, sigue tu pasión, descubre tus dones y entonces serás tu mejor versión".

Sin embargo, cuando hablamos de "perseguir sueños", casi siempre nos referimos al trabajo, y no a roles como ser padres, madres, esposos o esposas. Personalmente, encuentro mayor alegría, paz y bendición al sumergirme en mi rol de esposo y padre que buscando "descubrirme a mí mismo" fuera de mi hogar. Para mí, este es el llamado más alto para quienes estamos casados: no alejarnos de los roles que Dios nos ha dado, sino abrazarlos plenamente, sin centrarnos solo en lo que somos buenos a nivel individual.

Descubrir tus dones tiene valor solo cuando los usas para servir a los demás. Y si estás casado o tienes hijos, los primeros que necesitan de esos dones son las personas que comparten contigo la mesa cada noche, y no quienes están en la oficina o al otro lado del mundo en una conexión remota. Nuestro sueño, pasión y vocación son, y deben seguir siendo, ser buenos esposos y padres.

Este enfoque no encaja con los valores de la cultura actual, y tal vez por eso Jesús nos llama a vivir de esta manera: entregarnos en lo cotidiano, rindiéndonos a los pies de Aquel que nos creó, para servir primero a quienes están frente a nosotros. De qué nos sirve ser luz en el mundo y oscuridad en casa.

Como padres, tenemos una oportunidad única de entregarnos a Dios y a nuestras familias de una manera plena. Sin embargo, esto no significa caer en roles rígidos y anticuados, como los que se ven en caricaturas de tiempos pasados, donde el padre trabajaba todo el día y, al llegar a casa, se desconectaba mientras la madre hacía todo lo demás. El verdadero servicio no tiene que ver con roles tradicionales, sino con estar presentes, activos y comprometidos en el cuidado y la crianza compartidas. De hecho, nuestro verdadero trabajo comienza cuando llegamos a casa y nuestros hijos esperan por nosotros.

Descubrir tus dones tiene valor solo cuando los usas para servir a los demás.

La paternidad no es solo responsabilidad de la madre; también es el llamado del padre. Ambos deben trabajar juntos, preguntándose: "¿Cómo podemos formar un mejor equipo para nuestros hijos?" Esto implica estar "en las trincheras" con ellos, participando en lo cotidiano: lavar platos, cocinar, jugar y escuchar.

Es fundamental priorizar la familia sobre la carrera profesional. El trabajo nunca debe ocupar más espacio en nuestros pensamientos ni robarnos más tiempo del que dedicamos a nuestras familias. Muchos hijos crecen con amargura porque no recibieron suficiente atención de sus padres.

Como cristianos, nuestro trabajo debe fluir desde la familia. Los mandatos bíblicos de *"(...) Sean fructíferos y multiplíquense. Llenen la tierra y gobiernen sobre ella (...)" (Génesis 1:28)* muestran cómo la familia y el trabajo están entrelazados. La familia es el punto de partida, y el trabajo debe surgir como una extensión de ella, no al revés.

Familia en misión

La casa donde pasé mi adolescencia y juventud estuvo abierta a la comunidad cada semana durante treinta años. Por allí pasaron cientos de niños, adolescentes, jóvenes, adultos y familias enteras, que en muchos casos descubrieron la fe en ese hogar y luego crecieron en Jesús en un ambiente cálido y acogedor. Entre las familias de la iglesia de ese pequeño pueblo, la nuestra era una de las varias casas que se abrían semanalmente en distintos barrios. Así, crecimos rodeados de amigos y amigas con quienes compartimos y disfrutamos el servicio al Señor y a la comunidad, no solo en nuestro pueblo, sino también en otras localidades cercanas.

En ese barrio de gente trabajadora, vi en muchas ocasiones a mi mamá abrir la casa para los niños del vecindario que pasaban pidiendo algo para comer. Ella les preparaba leche chocolatada, un sándwich, les lavaba las manos y la cara y, sentados a la mesa, experimentaban el calor de una mamá del corazón y de una familia. Por eso no me sorprendía cuando, caminando por el vecindario, chicos de todas las edades la saludaban por su nombre con alegría. Mi mamá me modeló y me enseñó el verdadero significado del cristianismo: ser una casa de luz en medio de un vecindario necesitado.

"El discipulado tiene lugar en el contexto de unirse a Dios en su misión, porque Jesús llama a sus discípulos inmediatamente a una misión aventurera. Esto sucede en la sala de estar más que en el aula y en las calles más que en el santuario". J. R. Woodward

Nuestra primera iglesia es nuestra familia, y como familia, somos parte de la misión en nuestras comunidades. ***Somos familias en misión***: familias cristianas inmersas en el barrio, participando activamente en su vida, compartiendo las buenas noticias de salvación, alcanzando con el amor de Jesús a quienes necesitan encontrarse con él, descubriendo las necesidades de los vecinos y supliéndolas en su nombre.

Lo que la mayoría de las familias necesita no es hacer más cosas, sino vivir su llamado como misioneros en las cosas que ya están haciendo. Todo lugar al que vayamos —sea un partido de fútbol, un restaurante o simplemente el supermercado— ese será nuestro campo de misión.

Nuestra primera iglesia es nuestra familia, y como familia, somos parte de la misión en nuestras comunidades.

Para estar en misión, las familias no necesitan un cambio de actividad, sino un cambio de identidad. Como cristianos, no somos personas que ***hacen*** ministerio; somos ministros. No somos personas que ***hacen*** misión; somos misioneros. Y a medida que vivimos nuestra identidad como misioneros, comenzamos a ver nuestras actividades diarias como oportunidades para ser testigos de Jesús.

"Pero ustedes son una familia escogida, son sacerdotes reales y son una nación santa. Son un pueblo que Dios compró para que anuncien sus obras extraordinarias; él fue quien los llamó de las tinieblas a su luz maravillosa" (1 Pedro 2:9 NBV).

Involucra a tus hijos en el servicio

Los padres debemos involucrar a nuestros hijos en la misión de ayudar a aquellos que son menos afortunados que nosotros. Entrenémoslos en este servicio compasivo, haciéndolo juntos. Viviendo vidas sencillas, siendo generosos, apoyando, alentando y alimentando el deseo piadoso de cuidar de los más vulnerables.

A medida que guiamos a nuestros hijos en la misión, no solo ayudamos a los demás, sino que también ellos se benefician: aprenden haciendo y, de esta manera, desarrollan una fe activa y vivencial.

Como señala Santiago, una fe en Cristo que no se traduce en misión y buenas obras no es fe en absoluto:

"Hermanos míos, ¿de qué le sirve a uno decir que tiene fe si no lo demuestra con sus acciones? ¿Acaso podrá salvarlo esa fe? Por ejemplo: un hermano o una hermana no tiene ropa para vestirse y tampoco tiene el alimento necesario para cada día. Si uno de ustedes le dice: 'Que te vaya bien, abrígate y come todo lo que quieras', pero no le da lo que necesita su cuerpo, ¿de qué le sirve? Así pasa también con la fe: por sí sola, sin acciones, está muerta" (Santiago 2:14-17 NBV).

Para mostrarles a nuestros hijos el modelo de una fe viva, vivamos junto a ellos la experiencia de servir a los demás. Una buena pregunta para iniciar este camino es: ***¿qué es lo que Dios se propone hacer en este vecindario a través de nuestra familia?***

Únete con tu familia a lo que Dios ya está haciendo. El ministerio se trata de sumarse a Dios allí donde él ya está

"¡Qué feliz es el que teme al Señor, todo el que sigue sus caminos!
Gozarás del fruto de tu trabajo; ¡qué feliz y próspero serás!
Tu esposa será como una vid fructífera, floreciente en el hogar.
Tus hijos serán como vigorosos retoños de olivo alrededor de tu mesa.
Esa es la bendición del Señor para los que le temen.
Que el Señor te bendiga continuamente desde Sion; que veas prosperar a Jerusalén durante toda tu vida. Que vivas para disfrutar de tus nietos. ¡Que Israel tenga paz!" (Salmos 128).

Palabras finales

Tenemos el privilegio de ser ejemplos del amor de Jesús en acción para nuestros hijos. Con cada gesto y decisión les mostramos lo que significa un corazón servicial; somos sus primeras referencias de gracia y compasión. Podemos ser las manos y los pies de Jesús para ellos, al guiarlos con ternura y propósito hacia él, mientras invertimos en sus vidas durante estos años de formación.

Pero también tenemos la oportunidad de ser vulnerables, de reconocer nuestras luchas y admitir cuando nos equivocamos. Con ello, nuestros hijos aprenden que el amor de Dios no se basa en la perfección, sino en la humildad y en la capacidad de experimentar el perdón divino. Al final del día, más que imponerles una fe, podemos mostrarles cómo se vive una relación con Dios, cómo se ve un liderazgo humilde. Y eso… es poderoso. A veces, incluso tenemos el regalo de ver cómo todo ese amor sembrado da fruto cuando nuestros hijos reflejan el amor de Jesús hacia nosotros.

Si hoy sientes que la crianza es monótona, agotadora o incluso ingrata, quiero que imagines que me inclino hacia ti, te miro a los ojos y te digo con firmeza y ternura: "No te rindas. Sigue adelante. Sigue amando de todo corazón a las personas que te rodean. Sigue invirtiendo. Sigue estando presente. Sigue liderando con humildad.

Estás marcando la diferencia, aunque ahora no lo veas".

Como padres, liderar con humildad significa ***dar***, seguir ***dando*** y ***dar*** todavía más —especialmente cuando nuestros hijos demandan tanto de nosotros. Hay días en los que parece que todo es repetitivo, en los que nos preguntamos si realmente estamos dejando una huella:

Lavamos y doblamos la misma ropa.
Lavamos los mismos platos.
Cambiamos un sinfín de pañales.
Preparamos comidas, solo para ver cómo el hambre regresa casi de inmediato.
Nos despertamos en la madrugada para alimentar, calmar, abrazar.
Bañamos pequeños cuerpos solo para que al día siguiente vuelvan a jugar en el barro.
Respondemos las mismas preguntas una y otra vez.
Repetimos los mismos recordatorios hasta el cansancio.

Parece una labor monótona, y en medio del cansancio, nos preguntarnos si realmente estamos marcando alguna diferencia. Quiero recordarte algo esencial: este no es un esfuerzo sin sentido, es una siembra sagrada. Cada acto, por pequeño que parezca, es una inversión en las vidas y en las almas de nuestros hijos. Cuidar, amar, formar... es el llamado más profundo y trascendente.

Mis hijos deben saber que siempre estaré aquí, no como una sombra que impone, sino como un refugio que sostiene. Estaré aquí cuidando nuestro lazo, luchando con amor incansable por una relación que perdure en el tiempo.

Lo más sagrado que podemos hacer es vivir la fe que anhelamos que ellos abracen. Amarlos con firmeza y dulzura. Encaminarlos hacia encuentros y vivencias que despierten en ellos el deseo de lo eterno. Y luego, con manos abiertas y rodillas dobladas, orar y confiar en que la gracia de Dios los llevará hacia una vida tejida con hebras de verdad, bondad y belleza.

Quiero bendecir a mis hijos por quienes son, no solo por lo que hacen. Deseo que, en mi abrazo, en mis palabras y en mi presencia, encuentren la certeza de que son amados sin reservas. Quiero que sientan mi afecto sincero, mi afirmación constante y mi atención plena, para que sepan, sin duda alguna, que siempre estoy a su favor.

Lo más sagrado que podemos hacer es vivir la fe que anhelamos que ellos abracen.

Que Dios nos conceda la gracia de ser fuente de vida y no de dolor, de levantar y no derribar, de sanar y no herir. Que nuestros labios sean instrumentos de bendición y nuestras manos canales de amor, para que la próxima generación crezca con la convicción de que han sido llamados y amados por Dios desde antes de su nacimiento.

Hoy, más que nunca, el mundo necesita padres.

Necesitamos padres en la iglesia que guíen con fe y con su ejemplo.

Necesitamos padres en el mundo que reflejen el corazón del Padre celestial.

Necesitamos padres en el hogar que amen, protejan y formen con ternura y verdad.

Necesitamos padres biológicos, adoptivos y espirituales.

Padres del corazón que abracen su llamado con devoción.

Mentores que modelen el carácter de Cristo.

Entrenadores que enseñen con sabiduría.

Padres sustitutos que llenen vacíos con compasión.

Porque los hijos son una herencia del Señor, un regalo sagrado confiado a nuestras manos. Oro para que él nos conceda sabiduría para guiar, paciencia para corregir con ternura y un corazón lleno de gracia para reflejar el amor del Padre celestial en cada palabra y en cada gesto.

Que nuestra paternidad, en cualquiera de sus formas, sea un eco del amor de Dios en esta generación.

"(...) ¡No le tengan miedo al enemigo! ¡Recuerden al Señor, quien es grande y glorioso, y luchen por sus hermanos, sus hijos, sus hijas, sus esposas y sus casas!" (Nehemías 4:14).

Bibliografía utilizada

Anthony, M. (2010). Dreaming of more for the next generation. David C Cook.
Anthony, M., & Marshman, M. (2015). 7 family ministry essentials. David C Cook.
Baucham, V. Jr. (2011). Family shepherds. Crossway.
Bengtson, V. L. (2013). Families and faith. Oxford University Press.
Bethke, J. (2021). Take back your family. Thomas Nelson.
Breheny Wallace, J. (2023). Never enough. Portfolio / Penguin.
Burns, J. (2010). Pass it on. David C Cook.
Comer, J. M. (2024). Practica el camino. Vive como Jesús. Origen.
Comer, J.M. (2017). God has a name. Zondervan.
Dugsdale, R. (1877). The Jukes. Legare Streets Press.
Erickson, D., & Erickson, A. (2020). The flourishing family. Tyndale.
Fields, D., & Fields, K. (2014). Intentional parenting. Orange.
Haidth, J. (2022). The anxious generation. Penguin Press.
Holmen, M. (2010). Church+Home. Regal.
Matlock, M. (2010). Real world parents. Youth Specialties.
McGowin, E. H. (2021). Households of faith. InterVarsity Press.
Paine, C. (2021). Love centered parenting. Bethany House.
Rolheiser, R. (2019). Domestic monastery. Paraclete Press.
Skeldon, G. (2018). Passion generation. Zondervan.
Smith, C., & Adamczyk, A. (2021). Handing down faith. Oxford University Press.
Tyson, J. (2021). The intentional father. Baker Books.
Valerga, S. (2019). 7 secretos que todo líder de adolescentes debe saber. e625.
Valerga, S. (2020). La iglesia relacional. e625.
Warren, T. H. (2016). Liturgy of the ordinary. InterVarsity Press.
Winship, A. E. (1900). Jukes-Edwards: A study in education and heredity. RL Myers & CO.
Yasnitsky, A. (2018). Vygotsky: An intellectual biography. Routledge.

Recursos en línea

Johnson, B. (2013, November 13). How to raise a pagan kid in a Christian home. INFO for Families. https://www.infoforfamilies.com/blog/2013/11/13/how-to-raise-a-pagan-kid-in-a christian-home

"Exploring the Role of Family Functioning in the Association Between Frequency of Family Dinners and Dietary Intake Among Adolescents and Young Adults." JAMA Network Open, 1(7), e185217. https://doi.org/10.1001/jamanetworkopen.2018.5217

"Why the Family Meal Is Important." Stanford Children's Health. https://www.stanfordchildrens.org/en/topic/default?id=why-the-family-meal-is-important-1-701

"Eating Together at Family Meals: Benefits and Tips." Parents. https://www.parents.com/recipes/tips/unexpected-benefits-of-eating-together-as-a-family-according-to-science/

"Eating together as a family helps children feel better, physically and mentally." ScienceDaily. https://www.sciencedaily.com/releases/2017/12/171214092322.htm

Disfruta la canción

"Cada Generación"

producida por Coalo Zamorano
y con la participación
de Kike Pavón, Travy Joe, Daniel Calveti
y otros músicos deseosos de bendecirte.

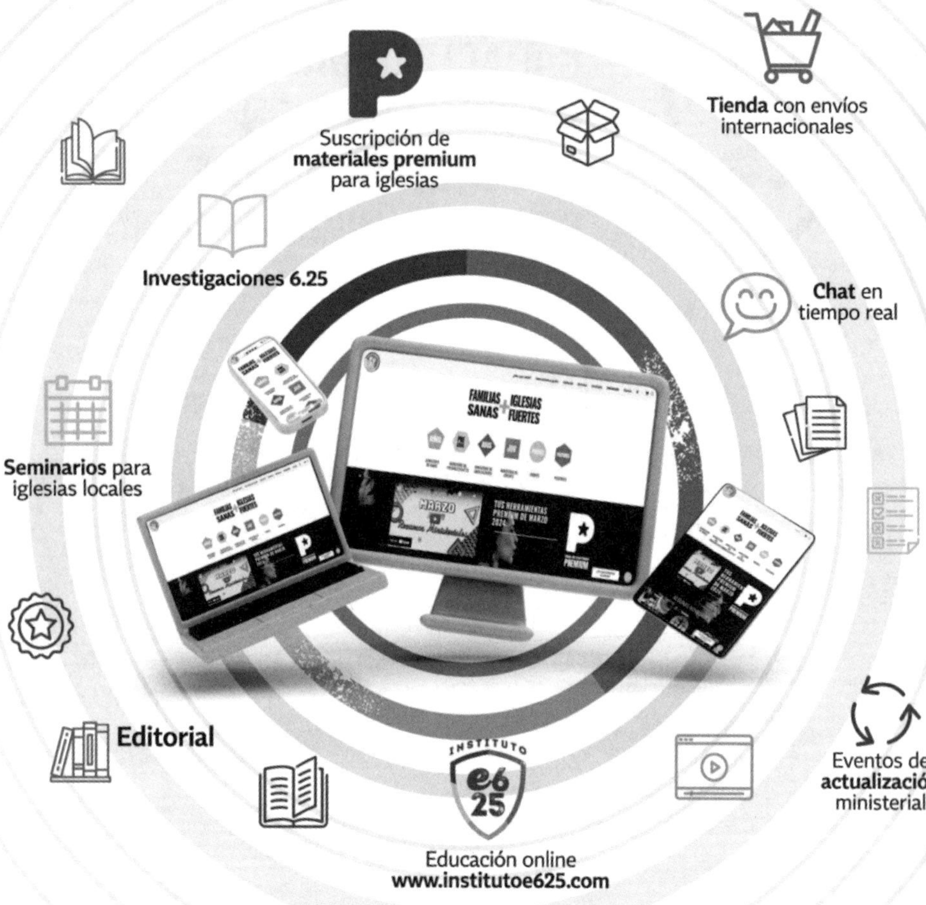
Suscripción de **materiales premium** para iglesias
Tienda con envíos internacionales
Investigaciones 6.25
Chat en tiempo real
Seminarios para iglesias locales
Editorial
INSTITUTO e6 25
Eventos de **actualizació** ministerial
Educación online
www.institutoe625.com